RE THINK

DIY

DIYS & LIFEHACKS FÜR EIN NACHHALTIGES LEBEN

FRANZISKA SORGENFREI

W0398376

INHALT

WOZU IST DIESES BUCH EIGENTLICH GUT?

„Das muss doch anders gehen“, dachte ich mir, als ich im Begriff war, meine alte Computermaus zum Fenster rauszuwerfen. Ich sollte das wohl etwas konkretisieren, bevor du mich für eine verrückte Umweltsau hältst: Es war nicht nur meine alte Computermaus, sie war mein absoluter Liebling, quasi mein Haustier. Und ich wollte sie natürlich nicht zum Fenster rauswerfen, stattdessen hatte ich doch tatsächlich mit dem Gedanken gespielt, sie zum Elektroschrott-Container bei uns um die Ecke zu bringen. So weit war es schon gekommen mit uns zweien. Das Problem: Seit ein paar Wochen klebte sie. Das kam nicht etwa daher, dass ich gerne während der Arbeit Marmeladenbrote verdrücke und dabei etwas von der süßen Pampe auf der Maus gelandet war. Es sind die Weichmacher, die sich verselbstständigt und beschlossen hatten, ihr Dasein nicht mehr in der Kunststoffverbindung, sondern auf der Oberfläche meiner Maus zu fristen. Da hatten wir den Salat: Ich war verzweifelt.

Und so begab ich mich auf meine eigene Heldinnenreise. Okay, ich übertreibe etwas: Ich schmiss eine bekannte Suchmaschine an und befragte die Weiten des Internets um Rat. Und siehe da: Den gab es, und das zu Hauf. Heureka, ich machte mich gleich ans Werk, und was soll ich sagen: Mausi sitzt ganz brav und klebefrei hier neben mir auf dem Schreibtisch, während ich diese Zeilen schreibe, und treibt nicht inmitten einer riesiges Müllinsel aus Plastikmüll im Pazifik. Was bin ich froh!

Aber mal Spaß beiseite: Wir haben ein Müllproblem, ein gigantisches Problem sogar. Das mit der riesigen Müllinsel im Pazifik ist nämlich keine Erfindung meiner Feder (Sage und schreibe fünf solcher Inseln treiben in Äquatornähe in den Weltmeeren und sie werden tagtäglich mit mehr Plastik gefüttert). Aber nicht nur dort sammeln sich unsere Altlasten. Es ist höchste Zeit, dass wir dagegen etwas unternehmen und uns bei jedem defekten Gegenstand, den wir am liebsten ins Orbit pfeffern würden, fragen: Vielleicht kann man das ja noch reparieren? Oder anderweitig verwenden? In diesem Buch soll es aber nicht nur um Müllvermeidung gehen, sondern auch darum, Macken im eigenen Heim zu kitten, Altes wieder schön zu machen, kreativ zu werden und dabei auch noch etwas Geld zu sparen.

Im ersten Teil des Buches möchte ich ein Bewusstsein dafür wecken, wie viel Müll wir im Bezug auf unsere Wohneinrichtung und Elektrogeräte so im Durchschnitt produzieren und was danach damit geschieht. Auch erfährst du hier, wie du durch ein nachhaltigeres Konsumverhalten nicht nur dein Gewissen beruhigst, sondern auch den einen oder anderen Euro sparen kannst, worauf du bei der Wahl der Mate-

rialien und Einrichtungsgegenstände achten solltest und welche Vorteile ein etwas weniger ausufernder **Lebensstil** sonst noch mit sich bringt.

Im zweiten und größten Teil bekommst du vor allem eins: Projekte, Projekte, Projekte. Anhand von Schritt-für-Schritt-Anleitungen nehme ich dich mit in die Welt des Reparierens, Aufhübschens und Selbermachens. Du kannst dir hier entweder Inspiration holen oder alles eins zu eins nachmachen. Ganz, wie es dir beliebt. In einigen **Life-Hacks** zeige ich dir außerdem Tricks und Kniffe für deine Heimwerkerkarriere, die du vielleicht so noch nie gehört hast.

Zu guter Letzt bekommst du im dritten Teil dieses Buches einen umfassenden Überblick über die absoluten **Must-haves** für deinen heimischen Werkzeugkasten sowie Special Tools, die du eventuell noch nicht kanntest. Auch Baustoffe und andere Materialen sowie ihre Funktionen und Anwendungsbereiche werden hier vorgestellt. Und wenn du einmal gar nicht mehr weiterweißt, findest du hinten im Buch auch Tipps und Adressen, bei denen du dir **Rat und Hilfe** holen kannst.

Aber nun wünsche ich dir ganz viel Freude dabei, deinen ganz persönlichen Lieblingsteilen ein zweites Leben zu schenken und dich in deinen vier Wänden auszutoben. Einen Versuch ist es zumindest wert!

Viele Grüße (auch von meiner Maus)

Franziska

WARUM, WIE, WO, WENIGER – VIERMAL W

In diesem Kapitel soll es um die vier Ws gehen: warum, wie, wo und weniger. Ergibt (noch) keinen Sinn? Wenn du weiterliest, wird sich das ändern. Kleiner Spoiler: Du erfährst hier, welche Folgen unser durchschnittlicher **LEBENSWANDEL** für unseren Planten hat, aber auch, was du ändern kannst und welche weiteren Vorteile sich in einer solchen **VERÄNDERUNG** verbergen.

WARUM MUSS WOHNEN NEU GEDACHT WERDEN?

Zu Beginn möchte ich ein paar Zahlen ins Bewusstsein rufen, die wir allzu gerne verdrängen:

- Deutschland lag 2020 innerhalb der EU mit 12,5 Kilogramm pro Kopf hinter Österreich, Schweden und Belgien auf Platz 4 der größten Elektroschrottproduzenten.
- Nur etwa 40 Prozent davon werden im Schnitt auch recycelt. Das heißt im Umkehrschluss, dass mehr als 600.000 Tonnen des stark umweltschädlichen Mülls irgendwo anders landen. Nur wo?
- Die meisten Abfälle aus Westeuropa, die nicht ordnungsgemäß aufbereitet werden, werden (auf legalen Wegen, die aber wenig kontrolliert sind) nach Asien und Afrika gebracht.
- Dort wird der Schrott meist verbrannt, um an die enthaltenen Metalle zu gelangen. Das ist sehr ungesund für die Menschen vor Ort und die Umwelt.

Am Beispiel von Elektroschrott wird ersichtlich, dass wir unsere Einstellung zu Neuanschaffungen und Konsum drastisch ändern müssen, wenn wir (beziehungsweise ärmere Länder) nicht in den Fluten aus Müll ertrinken möchten. Dies lässt sich aber natürlich auch auf andere Alltagsbereiche übertragen. Die jährlich anfallenden Mengen an entsorgter Bekleidung sowie an Verpackungs- und Lebensmittelabfällen stellen ebenso ein riesiges Problem dar. So landen z. B. allein in Deutschland jedes Jahr ca. 11 Millionen Tonnen Lebensmittel im Müll.

WARUM REPARIEREN DIE ZUKUNFT IST

Mir geht es in diesem Buch schließlich um Einrichtungsgegenstände und Geräte, die unser Leben vereinfachen sollen und unser Heim zieren. Sie können wir häufig noch auf Vordermann bringen und wieder aufhübschen, und genau dazu möchte ich dich inspirieren. Klar könnten andere auch ihren Beitrag leisten, aber es hilft ja nichts, immer nur nach links und rechts zu blicken und den Zeigefinger zu schwingen. Irgendwo muss man beginnen und wie du sehen wirst, birgt das Reparieren von Alltagsgegenständen nicht nur den Vorteil, dass sie nicht als Müll auf irgendeiner Deponie verrotten, es kommen noch andere Benefits dazu.

WARUM TEILEN SINNVOLL IST

Natürlich musst du aber nicht selbst alles aufbereiten oder einlagern, was du dir jemals angeschafft hast oder was dir liebgemeint zugetragen wurde. Es gibt Menschen, die sich über die geerbte Eulenvase von Tante Erna freuen würden oder tatsächlich Bedarf an einer nur einmal benutzten Tageslichtlampe haben. In vielen Städten und Gemeinden finden sich sogenannte Sozialkaufhäuser und andere Einrichtungen, wo du Ungeliebtes abgeben kannst in der Hoffnung, dass es einen dankbaren Neubesitzer findet. Und dann gibt es ja noch verschiedene Onlinebörsen ...

Und mal eine ganz verrückte Idee: Du könntest ja auch Kaputtes reparieren oder Unansehnliches aufmöbeln, um es dann zu verschenken. Sieh es als reines DIY-Projekt an, als Hobby, das nicht nur deiner Freizeitgestaltung, sondern auch deinen Mitmenschen zugutekommt.

WARUM WEGWERFEN AUCH OKAY IST

Und wenn ein Elektrogerät oder anderer Gegenstand wirklich nicht mehr funktionsfähig ist? Dann entsorge das Teil doch bitte in den dafür vorgesehenen Abgabestellen deiner Stadt oder Gemeinde. So sinkt die Wahrscheinlichkeit, dass es auf Abwege gerät und nicht ordnungsgemäß recycelt wird. Es ist okay, Kaputtes zu entsorgen. Let it go!

WIE SIEHT GUTES WOHNEN AUS?

Wir haben also gesehen: Neu ist aus Gründen des Umweltschutzes und der Menschenfreundlichkeit nicht unbedingt die beste Wahl. Wenn es aber doch mal ein neues Gerät oder Möbelstück sein soll oder du Materialien für Renovierungsmaßnahmen besorgen möchtest, gebe ich dir hier ein paar Tipps an die Hand.

WIE REPARIERFREUNDLICH IST DAS NEUE TEIL?

Die gute Nachricht ist: Es gibt neue EU-Vorschriften, nach denen elektronische Neugeräte auch reparierbar sein sollten. Darüber hinaus kannst du aber natürlich selbst schon beim Kauf abwägen: Wie aufwendig wäre eine Reparatur? Kannst du diese selbst oder mit Hilfe anderer (siehe Seite 148) durchführen? Es geht also um die potentielle Reparierbarkeit deiner Neuanschaffung.

WIE LANGLEBIG IST ES?

Aber auch die Langlebigkeit sollte ein Argument darstellen: Holst du dir die Billigversion, die schon etwas schäbig und unsauber verarbeitet daherkommt, oder greifst du etwas tiefer in die Tasche und hast damit länger etwas von deiner Anschaffung? Natürlich heißt das nicht, dass alles, was günstig zu haben ist, qualitativ minderwertig ist, und alles im hochpreisigen Segment automatisch einen Atomkrieg überstehen würde. Hier sind dein eigenes Äuglein und dein Verstand gefragt: Fühlt es sich hochwertig an, ist es das auch meistens.

WIE VIEL STROM VERBRAUCHT ES?

Achte möglichst darauf, wie viel Strom dein neuer Kühlschrank oder deine neue Waschmaschine verbrauchen würden. Gerade bei Großgeräten kann das einiges ausmachen, was sich nicht nur in der Umweltbilanz, sondern auch auf deinen Geldbeutel niederschlagen dürfte (mehr dazu siehe Seite 15). Also eine Win-win-Situation. Aber Achtung: Überlege dir genau, ob du wirklich ein funktionales Gerät ersetzen möchtest, nur weil es weniger Strom verbraucht. In die CO_2-Bilanz fließen schließlich auch die Entsorgung und Aufbereitung des Altgeräts ein. Sollte aber sowieso die Anschaffung eines neuen Geräts anstehen, darf der Check des Stromverbauchs nicht fehlen.

WIE VIELE SCHADSTOFFE GIBT ES AB?

Bei Möbelstücken kommt noch ein weiterer Faktor hinzu: Sie umgeben uns rund um die Uhr und dünsten dabei ungesehen Stoffe und Chemikalien aus. Insofern macht es Sinn, sich vor ihrer Anschaffung zu informieren, ob die verwendeten Materialen und Farben auch wirklich unbedenklich sind oder ob sie eventuell Schadstoffe enthalten, die in die Raumluft abgegeben werden, sogenannte flüchtige organische Verbindungen (Terpene, Aldehyde, Weichmacher und Co.). Unbehandeltes Vollholz ist dabei natürlich die beste Wahl. Wenn du nicht so auf den Öko-Look stehst, ist natürlich auch jeder andere Stil in unbedenklicher Variante erhältlich. Die Siegel „Blauer Engel“ und „Goldenes M“ geben dir dabei Orientierung: Sie stehen für umwelt- und gesundheitsfreundliche Materialen sowie Langlebigkeit und Qualität.

Und zu guter Letzt tragen natürlich auch für Renovierungen verwendete Baustoffe und sonstige Materialen nicht unerheblich zu einem hoffentlich gesunden Raumklima bei. Auch hier mischt der „Blaue Engel“ mit und zeigt dir an, welche Stoffe unbedenklich sind. Darüber hinaus bieten u. a. die Siegel „eco-Institut-Label“ (Schwerpunkt Ausdünstungen), „Forest Stewardship Council (FSC)“, „Holz von Hier“ und „natureplus-Label“ (letzte drei mit den Schwerpunkten Umwelt, Nachhaltigkeit und Herstellungsbedingungen) Orientierung. Vorab informieren lohnt sich hier auf jeden Fall.

WO KANNST DU DIR GELD SPAREN?

Es macht durchaus Sinn, einmal durchzurechnen, welche Variante dich günstiger kommt: Neuanschaffung oder Reparatur? Manchmal ist es auch keine Frage, ob etwas repariert oder neu gekauft werden soll, sondern welche Variante günstiger ist. Ich zeige dir hier die einzelnen Faktoren auf, um dir die Entscheidung zu erleichtern.

WO GÜNSTIGES EQUIPMENT KAUFEN?

Es wäre ja zu schön, wenn das Reparieren immer die günstigste Variante wäre. Dann bräuchte ich hier gar nicht lange zu argumentieren ... Tatsächlich verbrauchen wir aber Ressourcen und investieren unsere kostbare Zeit, um einen Gegenstand auf Vordermann zu bringen, der häufig neu günstiger zu erwerben ist. Aber wenn du schon zum Werkzeugkasten greifst, dann soll es doch wenigstens nicht noch extrateuer werden. Günstiges Material findest du im Onlinehandel und in Discountern für Heimwerkerbedarf sowie auf Tauschbörsen (Fehlkäufen deiner Mitmenschen sei Dank). Der gute alte Baumarkt hat zwar eine gigantische Auswahl, ist aber leider auch die teuerste und somit ungünstigste Anlaufstelle.

WO KANN ICH SONST BEIM REPARIEREN SPAREN?

Natürlich ist es günstiger, einen defekten Gegenstand selbst zu reparieren, als wenn du eine Firma beauftragst, dies zu erledigen. Deswegen lege ich dir auch ganz uneigennützig dieses Buch ans Herz, in dem du

zahlreiche Anleitungen für diesen Zweck findest. Okay, du hältst es ja schon in den Händen, also ist der erste Schritt zum Sparen bereits erledigt! Aber Schleichwerbung beiseite: Je mehr du dir zutraust, selbst zu erledigen, umso mehr sparst du dir. Und das Ganze macht im besten Fall auch noch Spaß! Eine gute und günstige Alternative dazu sind außerdem Repair Cafés (siehe Seite 148).

Und dann gibt es noch die Bereiche, wo das Reparieren an sich schon Geld spart. Etwa, wenn du nicht mehr schicke Fensterdichtungen wechselst (siehe Seite 132). Aus dem Fenster rauszuheizen, ist ja nicht das günstigste Vergnügen, habe ich mir sagen lassen.

WO KANN ICH BEIM NEUKAUF SPAREN?

Wie bereits erwähnt, macht es Sinn, vor der Anschaffung eines Geräts einen Blick auf den Stromverbrauch zu werfen. Die offiziellen EU-Energieeffizienzklassen teilen dabei die Geräte von absoluten Stromfressern (G) bis zu sehr energieeffizienten Vertretern (A) ein und bieten eine tolle Orientierung auf den ersten Blick. Auch bereits erwähnt wurde, dass du beim Neukauf nicht zum billigsten Produkt greifen solltest. Das klingt im Zusammenhang mit Sparen paradox? Ist es aber nicht, denn langfristig betrachtet sparen wir mit der Billo-Version nicht automatisch viel. Vor allem dann nicht, wenn der neue Staubsauger schon nach zweimal saugen schlapp macht.

Natürlich sparst du am meisten Geld, wenn du gar nicht erst alles kaufst, was dir beim Scrollen im Internet als absolutes Must-have vorgeschlagen wird, ohne das du ganz sicher nicht mehr glücklich wirst. Wie fies, dass der Werbefeed auch exakt auf unsere Vorlieben abgestimmt ist … Und damit wären wir auch schon beim vierten und letzten W.

WENIGER IST MEHR?

Es geistern ja viele Trends zu diesem Thema durch die Weiten des Internets: von Minimalism, Tiny Houses und Aufräum-Gurus ist da die Rede. Häufig wirkt das auf mich ein wenig wie ein moderner Religionsersatz. Das ist ja nicht so meins … Daher möchte ich einmal ein nüchternes Auge auf den Ansatz des Minimierens werfen und gegenchecken, wie sinnvoll ein solcher ist.

WENIGER PLATZ

Wenn wir weniger Platz zur Verfügung haben, sparen wir uns nicht nur im Idealfall einiges an Miete, wir haben dann auch weniger Raum, den wir mit Krimskrams vollstellen können. Also eine gute Sache, oder? Die Antwort lautet in diesem Fall tatsächlich Ja. Und zwar nicht nur unter dem genannten Aspekt, sondern auch in der Hinsicht, dass begehrter Wohnraum gerade in städtischen Räumen knapp wird und es ziemlich unsolidarisch wäre, alleine eine riesige Vierzimmerwohnung zu besetzen. Der Nachteil einer kleinen Wohnung: Auf engem Raum muss man auch superorganisiert und ordentlich sein, sonst droht einem das wenige Hab und Gut, das in die eigenen Vier Wände passt, um die Ohren zu fliegen.

WENIGER CHAOS

Ich würde jetzt nicht so weit gehen und eine Aufräumexpertin engagieren, die mir mal so richtig den Marsch bläst, was mir eigentlich einfällt, die berühmte Küchenschublade „für alles“ unablässig mit neuem Füllmaterial zu versorgen (an dieser Stelle plädiere ich leider für schuldig im Sinne der Anklage). Aber ich muss zugeben, dass das Zuweisen von festen Ablageorten und das Benutzen (!) ebendieser schon einiges an Stress spart und hilft, das Chaos in Grenzen zu halten. Beschriftete Aufbewahrungsboxen in der Abstellkammer oder im Keller sind kein Tipp, der dich vom Hocker reißen wird, mir haben sie jedoch sehr geholfen, meine Siebensachen und nicht zuletzt meinen Verstand beisammenzuhalten.

WENIGER ZEUG

Ich gebe es zu, ich fühle den Tiny-Home-Vibe nicht so richtig. Ich brauche etwas mehr Raum zum Atmen (zumal ich von zu Hause aus arbeite). Daher ist es wichtig, sich auch selbst zu limitieren, was das Anschaffen von neuen superpraktischen Gadgets oder wunderschönen Einrichtungsgegenständen angeht. Denn auch zu diesem Punkt gibt es die klare Empfehlung: Weniger ist auch hier einfach mehr! Du sparst dir Geld, Zeit (beim Suchen) und nicht zuletzt Müll, wenn das im Teleshoppingkanal angepriesene Wunderwerkzeug bei der nächsten Aufräumaktion nicht schon wieder in der Tonne landet und seine Reise zur Deponie antritt. Und so schließt sich der Kreis und ich muss feststellen: Vielleicht bin ich doch Teil dieser hippen Minimalism-Bewegung. Zumindest ein winziges bisschen ...

WAS KAPUTT IST, MUSS NICHT WEG

WENN DIE SCHUBLADE KLEMMT

Holzschubladen tendieren dazu, zu klemmen. Das liegt daran, dass sich das Holz im Laufe der Zeit und bei schwankender Raumfeuchte gerne verzieht. Dem kann man aber schnell abhelfen.

MATERIAL

- **klemmende Schublade mit Holzlauf**
- **Schleifpapier + Schleifklotz (alternativ Holzfeile)**
- **weiße Kerze oder Bienenwachskerze (alternativ Vaseline)**

Prüfe, wo die Schublade hakt. Vielleicht gibt es dort einen konkreten Widerstand, der mithilfe des Schleifpapiers oder der Feile geglättet werden kann.

Wenn die Schublade generell etwas schwergängig ist, einfach den Lauf an der Schublade mit der Kerze bzw. Vaseline einreiben. Ebenso kann die Unterseite der Schublade mit Wachs behandelt werden.

MEINER IST ZU GROSS

Hast du nur einen zu großen Schraubenschlüssel zur Hand? Dann positioniere im Zwischenraum eine oder zwei Münzen, schon findet der Schüssel Halt und du kannst die Mutter lösen.

FÜR ANGSTHASEN

Wenn du zwei linke Hände hast und etwas Angst, dass du dir beim Nageln zum x-ten Mal auf die Finger haust, ist dieser Trick etwas für dich! Stecke den Nagel einfach durch ein Stück Karton, so hast du eine bequeme Haltehilfe und deine Finger sind außerhalb des Gefahrenbereichs. Alternativ kannst du auch eine Zange verwenden.

WENN DIE SCHREIBTISCHLAMPE NICHT WILL

Deine Lampe hat einen Wackelkontakt oder ist vielleicht das Kabel beschädigt? Für beide Fälle gibt es eine relativ einfache Lösung: Entweder du wechselst die Fassung oder das Kabel oder gleich beides.

ACHTUNG!

Laut Niederspannungsanschlussverordnung ist es Laien eigentlich nicht gestattet, selbst Hand an den Stromkreis anzulegen. De facto wird dies nicht geahndet. Dennoch bist du dafür verantwortlich, wenn durch ein nicht korrekt angeschlossenes Gerät ein Schaden entsteht. In der Regel übernehmen Versicherungen dann auch nicht den Schadensersatz.

MATERIAL

- **Lampe**
- **neues Kabel oder/ und neue Fassung**
- **Kabelabmantler oder Cuttermesser**
- **Abisolierzange**
- **Schraubenzieher**

OPTIONAL

- **Stecker**

Nimm deine Lampe auseinander, bis du Zugang zur Fassung hast. Dafür musst du je nach Lampenbauart etwas anders vorgehen. Bei meiner Lampe musste ich das alte Kabel abschneiden, die Muttern unter und über dem Standfuß lockern und dann die Fassung inklusive Gewinde, auf dem sie befestigt ist, aus dem Fuß heben.

Nun öffnest du die Fassung: Auch hier gibt es verschiedene Patente. Manche sind nur zusammengesteckt oder gedreht. Manchmal muss du zwei Seitenärmchen auseinanderdrücken, um die zwei Bauteile voneinander zu lösen.

TIPP

Besonders bei elektrischen Geräten fühlen sich viele schnell überfordert und lassen lieber die Finger davon. Hier kann ein Besuch in einem Repair Café (siehe Seite 148) helfen. Dort bekommst du kompetente Hilfe und kannst bei der Reparatur zusehen und gleichzeitig dazulernen.

Das neue Kabel von unten in die (evtl. neue) Fassung einführen (in meinem Fall musste ich es ebenfalls durch das Gewinde, auf dem die Fassung befestigt ist, führen). Den oberen Teil des Kabels um etwa 3 cm von seinem äußeren Mantel befreien und die drei Adern abisolieren (siehe Seite 121). Das offene Ende des Schutzleiters (= gelb-grün isoliert), falls ein solcher vorhanden ist, wird nun mithilfe der kleinen Schraube im Inneren des unteren Fassungsteils angebracht. Die beiden anderen Adern befestigst du mit den anderen Schrauben im oberen Teil der Fassung (bei manchen Modellen handelt es sich auch um einen Steckmechanismus). Bei der blauen und der braunen Ader ist die Position dabei egal.

Die Fassung wieder zusammenstecken oder -drehen und mitsamt dem neuen Kabel an der Lampe anbringen. Und schon sollte alles wieder einwandfrei funktionieren.

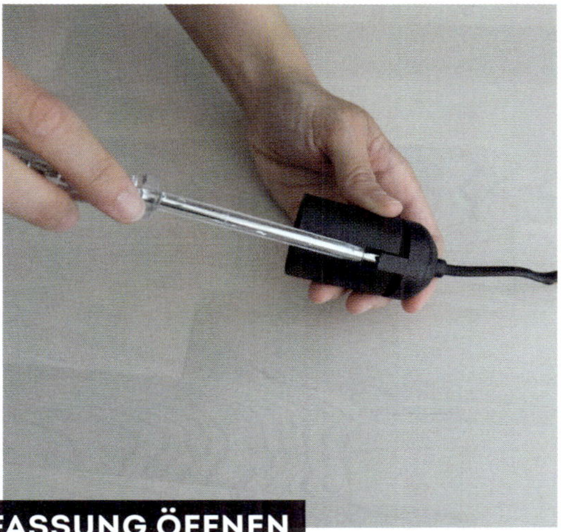

FASSUNG ÖFFNEN

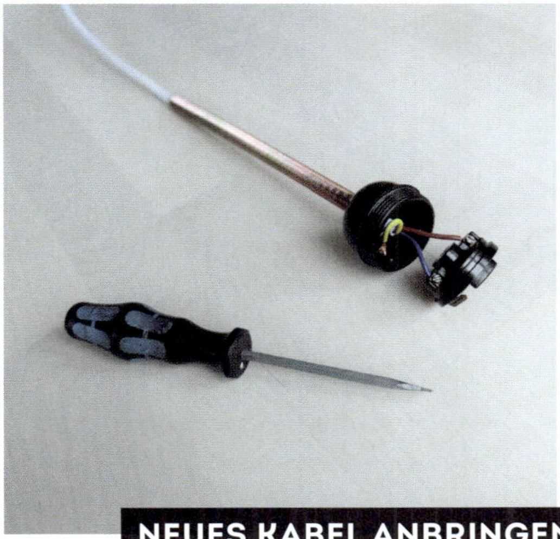

NEUES KABEL ANBRINGEN

STECKER ÖFFNEN

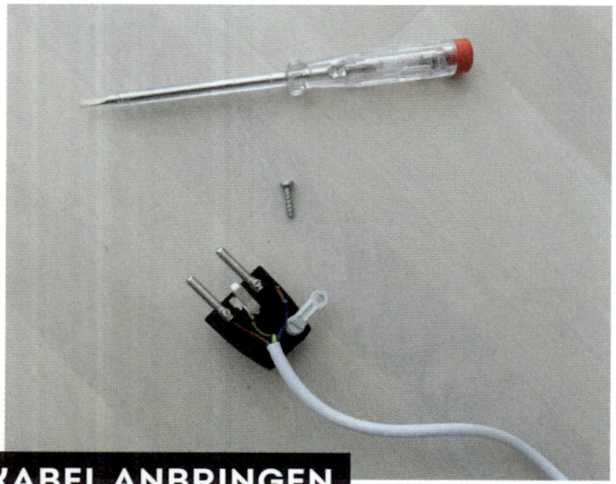

KABEL ANBRINGEN

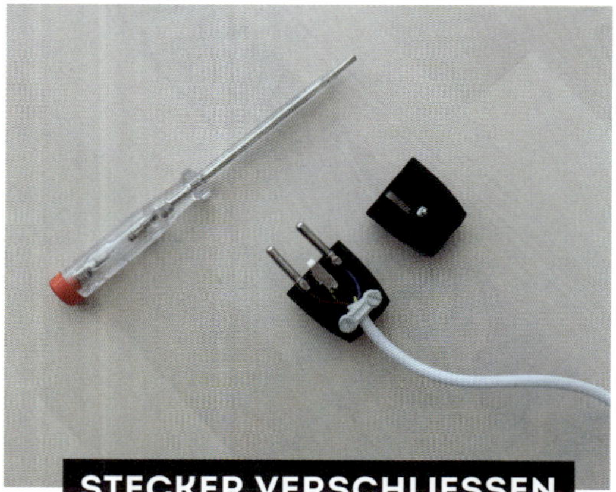

STECKER VERSCHLIESSEN

Nach Bedarf einen Stecker am Ende des Kabels anbringen (oder bei Decken- oder Wandlampen mit dem Stromkreis der Wohnung verbinden, siehe Seite 120). Dafür zunächst auch das andere Ende des Kabels entmanteln und die Adern abisolieren (s. o.).

Den Stecker aufschrauben. Im Inneren findest du am unteren Ende die Zugentlastung, die mit zwei Schrauben fixiert ist (eine kleine Brücke aus Kunststoff, die später das Kabel an Ort und Stelle hält). Diese löst du an einer oder auch an beiden Seiten.

Dann die oberen drei kleinen Schrauben lösen, aber nicht ganz aufschrauben: zwei an den Steckern und eine in der Mitte. In die Mitte kommt nun der Schutzleiter (gelb-grün) und an die Stecker die beiden anderen Adern (auch hier ist die Position egal). Festschrauben.

Zum Schluss wird das Kabel mit der Zugentlastung fixiert, dann kann der Stecker wieder verschlossen werden. Und deine Lampe ist breit für ihren nächsten Einsatz - ganz ohne nerviges Flackern.

SAUBER ANZIEHEND

Mikroskopisch kleine Teilchen aufzusammeln, kann extrem nervig sein, wenn man keinen Staubsauger zur Verfügung hat oder die Partikel später noch braucht. Ein Glück, wenn die Teilchen magnetisch sind, denn dann kannst du einfach einen Kühlschrankmagneten verwenden, um alles rückstandslos aufzusammeln. Bestehen die Krümelchen jedoch nicht aus Metall, so kann auch ein Stück Knete für Abhilfe sorgen, dass man gegen den Untergrund drückt. Die Teilchen sollten sich in der Knete festsetzen und so nicht mehr sinnlos in der Gegend herumliegen.

O SCHRECK, EIN FLECK IM TEPPICH!

Du hast einen Brand- oder anderen kleinen Fleck in deinem Teppichboden, der einfach nicht mehr rausgehen möchte, aber an prominenter Stelle prangt? Mit dieser Methode kannst du das Malheur ganz einfach ausbessern.

Das Stück mit dem Fleck mithilfe eines ausreichend großen Locheisens und des Hammers ausstanzen. An einer Stelle, wo es nicht so auffällt (z. B. am Rand unter einem Möbelstück) ein gleich großes Stück entnehmen. Vielleicht hast du ja sogar ein übriges Stück vom selben Teppich, das du hierfür nutzen kannst. Anschließend den makellosen Kreis an der leeren Stelle mit dem Kleber anbringen. Und schon ist der Fleck weg!

MATERIAL

- Locheisen
- Hammer
- Sekundenkleber

ALTERNATIVE

Du kannst auch mit einer Schere am Rand ein paar **Flusen** des Teppichs abschneiden und diese mit dem Kleber auf die Stelle mit dem Fleck kleben, um diesen zu kaschieren. Das funktioniert allerdings nur bei kleineren Flecken.

BILDERRAHMEN RETTEN

Es ist ja so einfach: Ab ins schwedische Einrichtungshaus und ein paar neue Bilderrahmen besorgen und dann natürlich auch noch ein paar Duftkerzen und farbenfrohe Papierservietten … Halt! Wie wäre es zur Abwechslung mal damit, die gefährliche Dekoabteilung zu meiden und den alten Rahmen zu reparieren?

MATERIAL

- kaputter Bilderrahmen
- Handtacker und passende Klammern (auch die elektrische Variante ist möglich)

OPTIONAL

- Holzkleber und Rahmenspanner

Wenn dein Rahmen zwar etwas wackelt, aber noch gerade so zusammenhält, du ihm also nur neue Stabilität verleihen möchtest, ist die Sache ganz einfach: Die Rahmenleisten an den Ecken, an denen sie aufeinandertreffen, mithilfe des Tackers fixieren. Dabei darauf achten, dass sie nicht schief sind.

RAHMEN FESTTACKERN ODER …

TACKER-TIPP

Zur Handhabe des Tackers: Oben befindet sich meist eine Stellschraube, mit der man die Kraft einstellen kann, mit der die Klammer ausgeschossen wird. Bei weicherem Holz und Pressspan musst du sie nicht so streng einstellen, bei hartem Holz schon. Dann musst du auch mehr Kraft aufwenden, um den Tacker zu betätigen.

… NEU VERKLEBEN

Wenn der Rahmen nicht mehr wirklich von selbst zusammenhält, solltest du ihn neu verkleben. Dafür die einzelnen Rahmenleisten vorsichtig voneinander lösen (eventuell vorhandene Klammern und Nägel entfernen). Jeweils ein wenig Holzkleber auf die Kanten geben und die Leisten wieder miteinander verbinden, indem du sie um das Rahmenglas bzw. die Rahmenrückwand legst. So stellst du auch sicher, dass sich am Ende wieder ein 45-Grad-Winkel ergibt. Nun wird das Ganze mit einem Rahmenspanner fixiert.

Überschüssigen Holzkleber, der eventuell an den Schnittstellen austritt, mit einem feuchten Tuch oder Schwamm entfernen. Und dann warten, bis der Holzkleber komplett ausgetrocknet ist (je nach Produkt ist die Trocknungszeit unterschiedlich, bevor du den Spanner vorsichtig wieder löst. Wenn du auf Nummer sicher gehen möchtest, greifst du zusätzlich noch zum Tacker und fixierst alles wie oben beschrieben.

KERAMIK KITTEN

Lieber Henkel ab als Arm ab. Das kann ganz schnell gehen: Du lädst die Spülmaschine zu schwungvoll ein und schon hast du den losen Henkel deiner Lieblingstasse in der Hand. Keine Panik, das ist schnell behoben. Insofern du noch alle Scherben beisammenhast …

MATERIAL

- Tasse oder Kanne mit abgebrochenem Henkel
- Mikrofaser- oder anderes Stofftuch
- Sekundenkleber für Keramik

Alle Bruchkanten mit dem Tuch trocken abreiben, sodass sie ganz staubfrei sind. Dann den Sekundenkleber dünn auf die Kanten auftragen (je dünner, umso schneller härtet er aus).

Dann den Henkel möglichst zügig und passgenau auf die Bruchkanten an der Tasse oder Kanne drücken und warten, bis der Kleber fest wird. Dabei kann Pusten helfen. Am Schluss alles über Nacht aushärten lassen, anschließend das Stück heiß abwaschen und schon ist es wieder einsatzbereit.

TIPP

Die Methode klappt auch, wenn eine ganze Vase, Tasse oder Schüssel aus Keramik zu Bruch ging, insofern du noch alle Teile hast. Gehe dabei nach und nach vor und lass immer erst ein Teil kurz antrocknen, bevor du das nächste anbringst. Aber Achtung: Der Sekundenkleber klebt auch auf Haut fantastisch, wie ich selbst feststellen musste (dazu mehr auf Seite 56).

KINTSUGI – DIE WERTSCHÄTZUNG DER FEHLERHAFTIGKEIT

In Japan gibt es eine jahrhundertealte Tradition, zerbrochene Keramik- oder Prozellanstücke aufwendig zu reparieren. Statt die Bruchstücke möglichst unauffällig wieder zusammenzufügen, nutzte man einen Goldlack und hob damit die Bruchkanten sogar noch hervor.

EIN STÜCK VOM GLAS IST AB

Scherben bringen Glück. Wenn eine Kante vom Glas abgeplatzt ist, musst du dieses nicht unbedingt in den Müll werfen. Du kannst es auch noch retten. Einzige Ausnahme: Trinkgläser solltest du dennoch ganz entsorgen oder nach der Rettungsaktion nur noch etwa als Vase nutzen, aber nicht mehr daraus trinken. Sicher ist sicher.

MATERIAL

- **angeschlagenes Glas**
- **Schleifschwamm oder Mini-Schleifgerät (Multitool)**

SCHLEIFSCHWAMM

SCHLEIFGERÄT

Die angeschlagene Kante mithilfe des Schleifschwamms oder, noch besser, eines Mini-Schleifgeräts glätten. Vorsichtig mit dem Finger fühlen, ob keine scharfen Kanten mehr vorhanden sind. So lange schleifen, bis sich nichts Scharfkantiges mehr ertasten lässt. Vor dem Gebrauch gründlich von Staub und restlichen Glassplittern reinigen.

DER WÄSCHESTÄNDER LÄSST NACH

Es klappert und lärmt, wenn du den alten Wäscheständer aufstellst, denn ein paar der Streben zum Aufhängen der Wäsche sind nicht mehr mit dem Gestänge verbunden, sondern wackeln mal nach hier und mal nach da. Da ist es etwas mühsam, das Ganze unter Kontrolle zu halten. Mit diesem einfachen Trick ist erst einmal für Abhilfe gesorgt.

MATERIAL

- Wäscheständer mit losen Streben
- Kabelbinder
- Seitenschneider oder Kombizange

1 Verbinde zuerst zwei Kabelbinder miteinander, sodass du ein ganz langes Exemplar erhältst (siehe dazu auch Seite 35).

2 Lege dieses von unten an die lose Strebe, sodass die Verbindungsstelle der beiden Kabelbinder an der Strebe zum Liegen kommt.

3 Die beiden Enden über die dicke Querstrebe legen und nach unten umbiegen.

4 Dann erneut über die Querstrebe legen, dabei unter der ersten Windung hindurchführen.

5 Auf der anderen Seite nun miteinander verbinden und gut festzurren.

6 Zum Schluss noch die überstehenden Enden mit dem Seitenschneider oder der Kombizange kappen und schon sollte alles bombig an Ort und Stelle halten.

SCHRITT FÜR SCHRITT ZUM KABELBINDERGLÜCK

LIFE HACK

Ist der Kabelbinder zu kurz, brauchst du nicht zwingend zum Baumarkt zu gehen, um längere zu besorgen. Stattdessen kannst du einzelne Kabelbinder miteinander verbinden und sie so beliebig verlängern. Genial einfach, oder?

EINE RUNDE SACHE

LIFE HACK

Wenn es darum geht, ein Rundholz zu kürzen, ist ein einfacher Kabelbinder dein bester Freund: Er markiert die Stelle, an der gesägt werden soll, und sorgt dafür, dass du nicht auf die schiefe Bahn gerätst. Danach lässt er sich ganz einfach wieder abstreifen und hinterlässt keine Kritzeleien auf dem Holz.

PLASTIK-KLEBRIGKEIT ADE

Rettung für Mausi: Wenn du die Einleitung zu diesem Buch gelesen hast, weißt du schon, was nun folgt: Ich zeige dir hier ein paar Methoden, wie du klebrige Plastikoberflächen weniger bis hoffentlich gar nicht mehr klebrig zauberst. Der haptisch unangenehme Schmierfilm rührt übrigens von den Weichmachern her, die sich nach einiger Zeit aus dem Kunststoff lösen.

MATERIAL

- **klebriger Kunststoffgegenstand**
- **Talkum (aus dem Baumarkt oder Internet) und Pinsel**
- **Aceton (aus dem Baumarkt) und Wattepad**
- **Isopropanol (aus der Apotheke) und Wattepad**

METHODE 1:

Etwas von dem Talkum in ein Schälchen geben und den Gegenstand mithilfe des Pinsels damit abpudern, bis eine dünne Schicht daran haftet. Überschüssige Reste abklopfen oder wegpusten. Es bleibt zwar ein leicht weißlicher Film, aber die Oberfläche ist nicht mehr klebrig.

METHODE 2:

Aceton auf ein Wattepad geben und die Oberfläche damit einreiben. Probiere das aber erst mal nur an einer kleinen Ecke, denn Aceton ist aggressiv und kann je nach Kunststoff nicht nur den Klebefilm angreifen, sondern auch die Schichten darunter. Daher ist Vorsicht geboten!

METHODE 3:

Diese Variante ist mein absoluter Testsieger und hat meine geliebte Computermaus vor dem Schicksal in der Tonne bewahrt. Du gehst wie bei der zweiten Methode vor, jedoch verwendest du Isopropanol (ein Desinfektions- und Reinigungsmittel). Das Ergebnis: Eine glatte, saubere Oberfläche ohne Kleberückstände.

TIPP

Im Internet kursieren viele Tipps und Tricks zu dieser Problematik. Dort wird beispielsweise auch empfohlen, **ORANGENREINIGER** zu verwenden (wobei das auch einfach eine Variante der Isopropanol-Lösung ist) oder das Teil einfach in die Spülmaschine zu werfen (bei einem elektronischen Gegenstand ist das natürlich keine Option). Probiere dich doch einfach einmal aus. Gerade wenn die Alternative darin besteht, das gute Teil wegzuschmeißen, ist es einen Versuch allemal wert!

REISSVERSCHLUSS-NOTSEELSORGE

Die Lieblingshandtasche, der Geldbeutel, der Koffer oder die schöne Winterjacke – irgendwann kommt der Moment und der Reißverschluss geht kaputt.

MATERIAL

- **Tasche, Polster etc. mit Reißverschluss, dem der Zipper fehlt oder der an einer Stelle hakt**
- **einfacher oder doppelter Spaltring (kleiner Schlüsselring) und ein schmales Band**
- **Schere**
- **Ersatzzipper zum Klipsen (aus dem Fachhandel oder Internet)**

OPTIONAL

- **Nadel und farblich passender Faden**
- **Flachrundzange**

FEHLENDER ZIPPER

Bei fehlendem Zipper den einfachen oder doppelten Spaltring (eventuell mithilfe einer Zange) am verbliebenen Schieber des Reißverschlusses anbringen. Dann das Band durch den Ring ziehen, festknoten und mit der Schere auf Wunschlänge kürzen.

ERSATZZIPPER

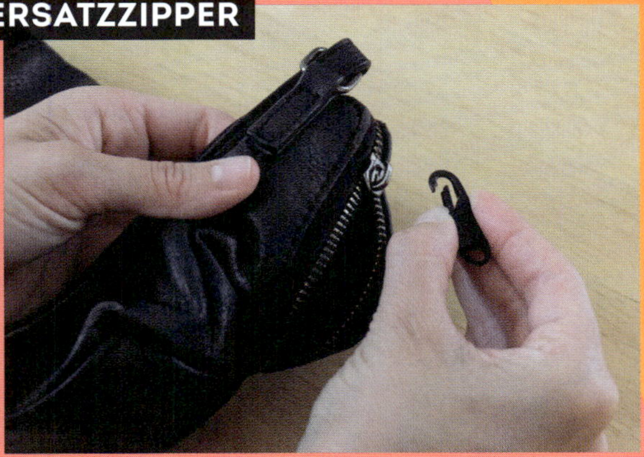

REISSVERSCHLUSS FIXIEREN

Alternativ kannst du ganz einfach einen gekauften **Ersatzzipper** an den Schieber klipsen. Diese gibt es in verschiedenen Ausführungen und Farben.

Sollte der Reißverschluss an einer Stelle haken, etwa weil ein paar der Zähne verbogen sind, hast du vielleicht das Glück, dass dies am Beginn des Reißverschlusses der Fall ist. Dann kannst du diese Stelle einfach fixieren. Der Nachteil: Der Verschluss kann dann nur noch bis dorthin geöffnet werden.

Reißverschluss fixieren – so geht's: Die betroffene Stelle mit Nadel und Faden mehrere Male „umnähen", also auf einer Seite ein- und auf der anderen wieder ausstechen. Dies so oft wiederholen, bis eine Barriere entstanden ist, an der der Schieber beim Öffnen des Reißverschlusses zum Stehen kommt. Das Fadenende dann nur noch vernähen.

TIPP

Man kann den Reißverschluss zwar auch selbst austauschen, je nach Material gestaltet sich dies aber als sehr schwierig. Einmal wollte ich daher den Reißverschluss eines Rucksacks bei einem **FACHGESCHÄFT** reparieren lassen. Jedoch wurde mir davon stark abgeraten, da dies die Kosten eines nagelneuen Rucksacks decken würde. Das Ergebnis: Mir wurde eine Behandlung wie oben beschrieben verkauft, die ich im Nachhinein betrachtet natürlich auch einfach selbst hätte machen können. Aber man muss ja auch erst mal draufkommen ...

LAPTOP UNTER DRUCK

Dein Laptop läuft immer schneller heiß und durch das laute Brummen der Lüftung verstehst du die Schimpftiraden nicht mehr, die sich die Protagonisten deiner Lieblingsserie an den Kopf werfen? Bevor du deinen Laptop in die Tonne wirfst, kannst du versuchen, mit diesem Trick seine Lebenszeit oder zumindest die Zeit bis zum Besuch im Repair Café (siehe Seite 148) zu verlängern. Denn oft ist es nur herkömmlicher Staub, der dem Gebläse zu schaffen macht.

Den Laptop herunterfahren, vom Strom nehmen, wenn es möglich ist, den Akku entfernen und den Computer auf den Kopf drehen. Schau einmal, wo sich die Lüftungsschlitze befinden, meist sind sie an einer der Seiten angebracht.

Dann die Düse der Spraydose auf eine Seite der Lüftungsschlitze richten und ganz kurz direkt reinsprühen. Ganz wichtig: Die Dose aufrecht halten, damit keine Flüssigkeit ausgestoßen wird, das wäre sehr ungünstig. Und wirklich nur ganz kurz sprühen, damit der Ventilator nicht kaputt geht. Dann die Position wechseln und an einer anderen Stelle reinsprühen. Ein paarmal wiederholen und schon kann der Serienmarathon weitergehen.

MATERIAL

- **lauter Laptop**
- **Druckluftspray**

ACHTUNG, SPITZ!

LIFE HACK

Du möchtest eine Schraube in einem Stück Holz oder in der Wand versenken? Dann bietet es sich an, die BOHRSTELLE vorher mit einem Stichling zu MARKIEREN. So weißt du einerseits genau, wo du bohren musst, andererseits verrutscht der Bohrer nicht auf der glatten Oberfläche und findet sofort Halt. Gerade bei harten und daher widerspenstigen Holzsorten ist das hilfreich.

SO KLAPPT'S AUCH MIT DEM NACHBARN

LIFE HACK

Bei der Suche nach einer Lösung, wie man die METALLISCHEN BESTECK-ABRIEB-STREIFEN auf Keramik- und Porzellantellern entfernt bekommt, bin ich auf eine Anleitung gestoßen, nach der man das betroffene Stück mit Keramikpolitur und einer Schleifmaschine bearbeiten solle. Puh, das ist mir dann doch einen Hauch zu kompliziert. Hier also die Lösung für die Pragmatischen unter uns: Zahnpasta drauf, mit einem Tuch mit Druck abreiben, fertig. Auch die Natur dankt!

WAS MAL SCHÖN WAR, ERSTRAHLT IN NEUEM GLANZ

NEUER LACK FÜR DAS GUTE STÜCK

Du hast wie ich ein tolles Kästchen auf dem Flohmarkt aufgetan, das gut einen neuen Anstrich vertragen könnte? Oder soll dein Kleiderschrank in einer neuen Farbe erstrahlen? Na, dann mal ran ans Werk!

MATERIAL

- Möbelstück aus Echtholz
- Schraubenzieher oder Akkuschrauber
- Kreppband
- Schleifpapier (120 + 180) + Schleifklotz oder Schleifmaschine
- Stofftuch
- wasserlöslicher Lack (Acryllack)
- Rundpinsel
- Lackroller + Rolle aus Schaumstoff + Lackwanne

OPTIONAL

- Abbeizer für Holz
- Spachtel
- Grundierung
- Schleifpapier (240) oder Schleifschwamm
- neue Griffe
- neue Füße

GRIFFE ABSCHRAUBEN

1 Das Möbelstück als Erstes von abschraubbaren Elementen wie Griffen und Scharnieren befreien, die nicht mitlackiert werden sollen. Alles, was nicht abmontiert werden kann, mit Kreppband abkleben. Wenn das Möbelstück bereits lackiert ist, muss es von der alten Farbe befreit werden. Dafür Abbeizer nach Packungsanweisung auftragen und einwirken lassen. Danach kann die Farbe einfach mit einem Spachtel abgekratzt werden.

2 Vor dem Lackieren muss das gute Stück einmal abgeschliffen werden, um kleine Unebenheiten und eventuelle alte Farbreste zu entfernen – in einem Durchlauf mit einem 120er-Schleifpapier und dann noch einmal mit einem feineren 180er-Papier. Mithilfe einer Schleifmaschine passiert das ganz flott, es kann aber auch ein Handschleifklotz zum Einsatz kommen.

SCHLEIFGERÄT

HANDSCHLEIFKLOTZ

MULTITOOL

SCHLEIFPAPIER UND KANTHOLZ

3 Statt eines gekauften Schleifklotzes können zum Abschleifen auch ein zugeschnittenes Kantholz und für verwinkelte Bereiche ein Stück schmale Leiste oder Latte verwendet werden. Es gibt außerdem Maschinen mit schmäleren Aufsätzen (Multitools), mit denen man gut in Ecken und Ritzen kommt.

4 Die Staubreste vom Schleifen nun mit einem Tuch entfernen. Soll das Möbelstück später in einer hellen Farbe erstrahlen, zuerst eine Grundierung aufzutragen. Die Grundierung 12 Stunden trocknen lassen. Nun kommt der Lack zum Einsatz: Zuerst einmal kräftig durchrühren. Dann mithilfe des Rundpinsels zuerst die Kanten, Ecken und weniger leicht zugänglichen Bereiche lackieren.

ECKEN LACKIEREN

5 Etwas Lack in die Lackschale füllen, den Roller eintauchen, gut abstreifen und die größeren Flächen einmal in Richtung der Holzmaserung, dann dagegen und ein drittes Mal wieder mit der Maserung lackieren. Dabei möglichst rasch arbeiten und nicht zu dick auftragen. Nun darf die erste Schicht erneut über Nacht trocknen.

FLÄCHEN LACKIEREN

6 Ist das Ergebnis wie gewünscht? Wunderbar, dann kannst du diesen Schritt hier überspringen. Die Farbe wirkt noch nicht gleichmäßig? Es sind Flecken oder Unebenheiten zu sehen? Dann das Ganze noch einmal leicht mit einem ganz feinen 240er-Schleifpapier oder mit einem Schleifschwamm abschleifen.

ABSCHLEIFEN

7 Entferne wieder den Staub sorgfältig mit einem Tuch, bevor eine neue Lackschicht draufkommt. Wieder das Ganze am nächsten Tag überprüfen. Theoretisch kannst du dies so oft wiederholen, bis das gewünschte Ergebnis erzielt ist.

ZWEITER FARBAUFTRAG

FÜSSE ANSCHRAUBEN

8 Nun kommen die (neuen) Griffe und Scharniere wieder dran, abgeklebte Partien können auch wieder vom Klebeband befreit werden. Ich habe meinem Kästchen auch gleich noch schicke neue Füße verpasst.

TIPP

Neue Griffe für eine Kommode findest zu z. B. auf Flohmärkten oder im Internet. Vielleicht kannst du dort auch deine alten Griffe loswerden – für jemand anderen sind es vielleicht genau die richtigen!

LIFE HACK

FRISCHE FARBE

Da will man am nächsten Tag weiterarbeiten, aber leider ist die Farbe eingetrocknet. Da gibt es aber einen tollen Trick! Einfach den Pinsel in der Dose lassen und einen Gummihandschuh über Pinsel und Dose ziehen – und schon kann die Arbeit an Tag zwei problemlos fortgeführt werden.

EIN NEUER BEZUG FÜRS BRETT

Vielleicht hat dein Bügelbrett auch den einen oder anderen Brandfleck vorzuweisen. Meistens brauchst du dafür nicht tief in die Tasche zu greifen und gleich ein nagelneues Brett zu kaufen. Meist reicht es schon, nur den Bezug zu ersetzen. So hast du ganz schnell ein sehr individuelles Brett am Start.

MATERIAL

- **Baumwollstoff (etwas größer als der alte Bezug)**
- **Schneiderkreide oder Kreidestift**
- **Stoffschere**
- **Einfassband (ca. 4 cm breit; Länge abhängig von der Größe des Brettes)**
- **Bügeleisen**
- **Stecknadeln**
- **Nähmaschine oder Nadel und Faden**
- **Sicherheitsnadel**
- **Kordel (Länge abhängig von der Größe des Brettes)**
- **Kordelstopper**

1 Den alten Bügelbrettbezug möglichst flach auf dem neuen Stoff ausbreiten und mit Schneiderkreide oder Kreidestift umranden. Alternativ das Bügelbrett direkt als Schablone verwenden. Dann 5–6 cm Stoffzugabe einrechnen.

ÜBERTRAGEN

2 Dann den Stoff entlang der eingezeichneten Linie ausschneiden. Das Einfassband einmal in der Mitte in Laufrichtung umbügeln. Dann um den Rand des Stoffes anlegen, sodass es um ca. 1 cm überlappt, und feststecken. Dabei am oberen Ende des Bügelbrettbezugs (also an der späteren „Spitze“ des Bügelbretts) beginnen und etwa 5 cm Band stehen lassen.

3 Nun wird das Band festgenäht. Entweder dabei die Nähmaschine verwenden oder mit Nadel und Faden arbeiten. Bei der Maschine die Nadel nach links ausrichten und während des Nähens mit dem linken Rand des Fußes am Rand des Bandes entlangfahren.

4 Die Sicherheitsnadel an einem Ende der Kordel befestigen und diese mithilfe der Nadel durch den entstandenen Schaft um den Bezug herumführen. Die Enden mit dem Kordelstopper fixieren, den Bezug um das Bügelbrett legen und mit der Kordel festzurren.

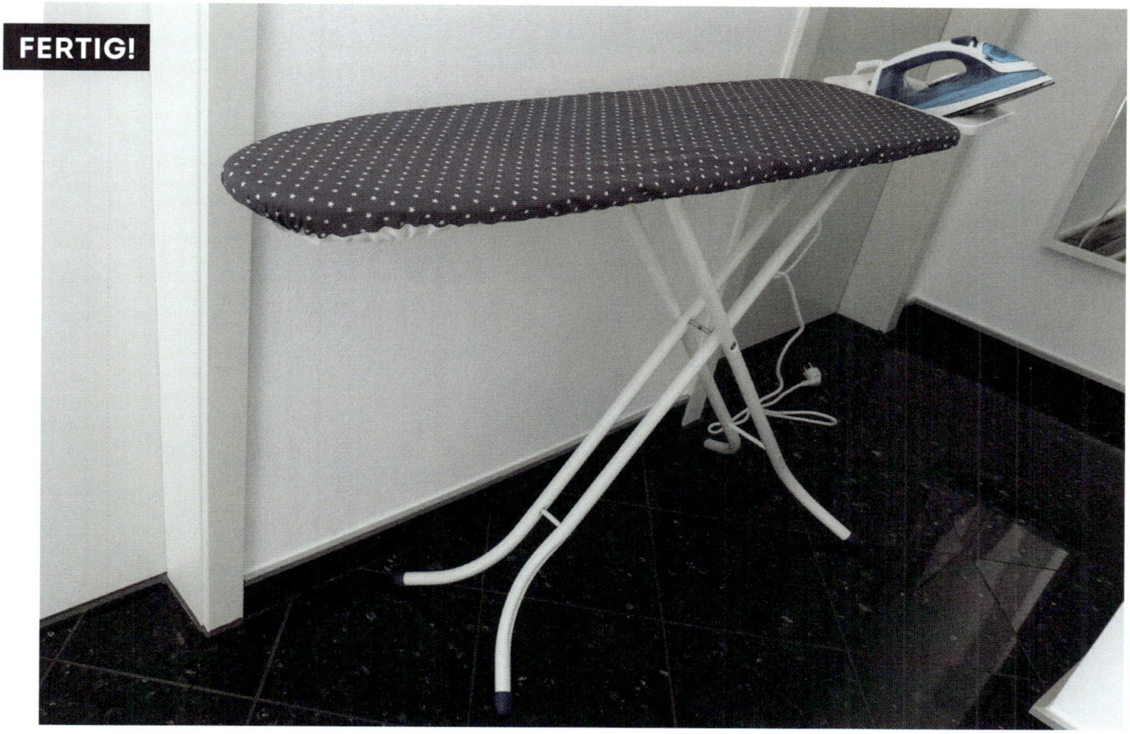

WENN DER FADEN ZUM KAMEL WIRD

Ein super Tipp, für alle, die regelmäßig am Einfädeln des Garns ins Nadelöhr scheitern: Einfach einen Sprühstoss Haarspray auf das Ende des Garns auftragen, antrocknen lassen und das Fadenende abschneiden. Dann geht das Einfädeln fast wie von alleine. Das Haarspray aber nur auf den Faden aufsprühen, und nicht auf Teile deiner Nähmaschine - sonst können diese verkleben.

NEUER STOFF FÜR DEN LAMPENSCHIRM

Ist ein Lampenschirm einmal nicht mehr ansehnlich, kannst du ihn einfach in frisches Licht tauchen: Ein neuer Stoff muss her. Bloß keine Scheu vor diesem Projekt – es sieht komplizierter aus, als es ist.

MATERIAL

- alter Lampenschirm
- Lampenschirmfolie (selbstklebend)
- Permanentstift
- Lineal
- Schere
- doppelseitiges Klebeband (ca. 1 cm breit)
- Baumwollstoff nach Wahl
- Stoffschere
- Schlitzschraubenzieher oder ein anderes keilförmig zulaufendes Werkzeug

KONTUREN ÜBERTRAGEN

LINIEN VERBINDEN

AUSSCHNEIDEN

1 Den Lampenschirm auf die Rückseite der Lampenschirmfolie legen und mit dem Stift die Konturen auf das Schutzpapier übertragen, indem du den Schirm einmal um sich selbst rollst (also einmal am oberen Ring und einmal am unteren). Markiere dabei einen Punkt am Schirm, sodass du weißt, wann du ihn einmal komplett gedreht hast.

2 Verbinde dann noch die offenen Enden mithilfe eines Lineals. Du kannst dafür auch zuerst eine Schablone auf Karton anfertigen oder aber eben direkt auf die Folie zeichnen. Die Folie dann entlang der Linien ausschneiden.

3 Den Stoff mit der Oberseite nach unten vor dich legen und die Lampenschirmfolie daraufkleben. Dabei nach und nach vorgehen, immer ein Stück des Schutzpapiers abziehen und die Folie mit der Hand auf den Stoff streichen, sodass keine Hohlräume oder Falten entstehen.

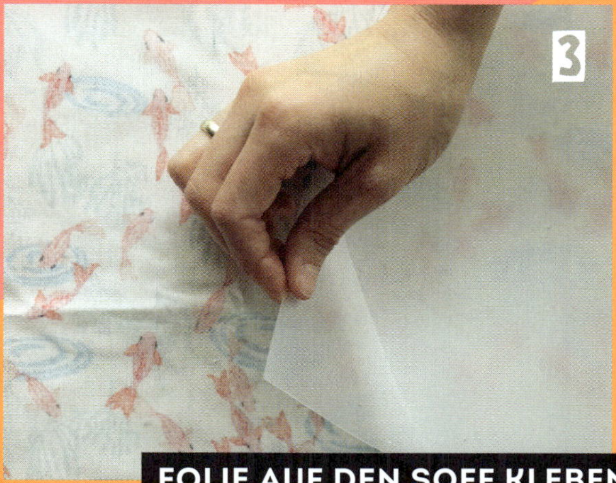

FOLIE AUF DEN SOFF KLEBEN

KLEBEBAND ANBRINGEN

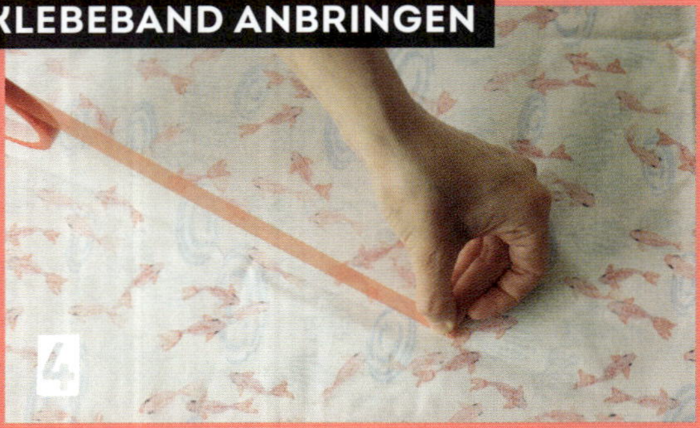

STOFFKANTE ABSCHNEIDEN

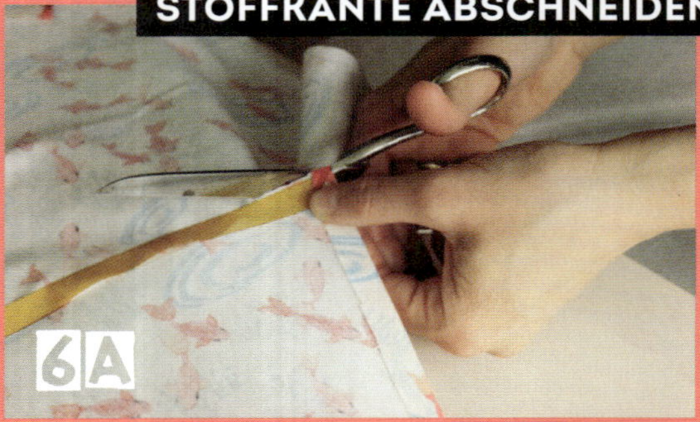

KLEBEBAND ANBRINGEN

4 Entlang einem der kurzen, geraden Ränder das doppelseitige Klebeband anbringen, und zwar auf den Stoff, nicht auf die Folie. Das Gleiche passiert an den beiden gebogenen langen Rändern.

5 Den Stoff an der kurzen Seite mit dem Klebeband mit 1 cm Zugabe abschneiden und den überstehenden Stoff nach innen umklappen und mithilfe des Klebebands auf der Lampenschirmfolie anbringen.

6 Den Stoff dann auch an den gebogenen Rändern entlang des Klebebands abschneiden. Das andere kurze Ende ebenfalls abschneiden, hier etwa 2 cm Stoff stehen lassen und auf der Vorderseite des Stoffes doppelseitiges Klebeband anbringen.

7 Nun an einem kurzen Ende beginnend den überstehenden Stoff mithilfe des Klebebands zuerst um den größeren Ring legen (vorher etwa 3 cm vom Rand entfernt einschneiden und das kleine Stück noch nicht einklappen, dasselbe auch am anderen Ende).

RING ANBRINGEN

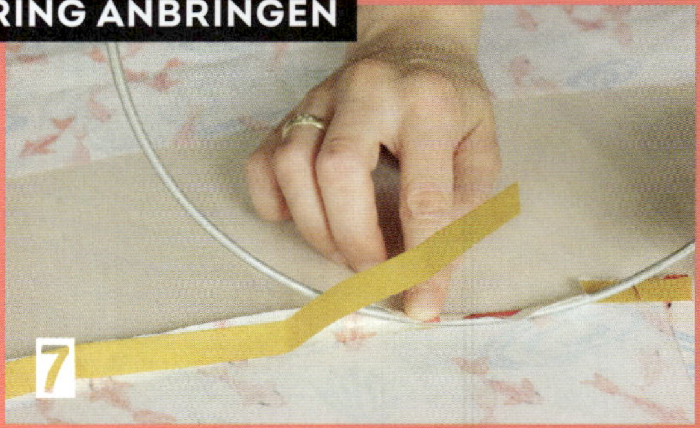

8 Dann mit einem keilförmigen Gegenstand den Stoff innen fest in die Rille schieben, sodass er gut abschließt – ich habe einen Schlitzschraubenzieher verwendet. Den Vorgang an der oberen Kante mit dem kleineren Ring wiederholen. Falls es Querstreben im Schirm gibt, ist es hilfreich, den Stoff an diesen Stellen ein wenig einzuschneiden, sodass er sich gut darumschmiegt.

9 Dann wird das kürzere Ende, bei dem der Stoff schon umgeklappt wurde, mithilfe des bereits angebrachten Klebebands auf das andere kurze Ende des Lampenschirms geklebt. Nun nur noch die letzten überstehenden Stoffreste an dem Falz um die beiden Ringe nach innen umlegen, ankleben und mit dem Schraubenzieher in die Rille drücken. Fertig.

STOFF UM DEN RING SCHIEBEN

ENDEN ZUSAMMENKLEBEN

TIPP

Ich empfehle einfarbigen Stoff oder solchen mit einem **nicht symmetrischen Muster** zu wählen, da es knifflig werden kann, den Stoff ganz gerade auf der Lampenschirmfolie anzubringen.

SO FLUTSCHT'S

Schaumstoff kann eine blöde Bitch sein, wenn es darum geht, ihn zu schneiden. Gerade wenn es sich um eine dickere Schicht handelt, kommt man mit der Schere nicht weiter. In diesem Fall sorgt ein wenig Speiseöl für den nötigen Schubs: Einfach ein Cuttermesser mit Öl benetzen und den Schaumstoff damit schneiden. Nach dem Schneiden musst du allerdings das Öl mit Seifenwasser wieder aus dem Schaumstoff auswaschen, nicht dass du dich später beschwerst, dass alles klebt!

ICH GLAUBE, ES KLEBT

Ungern rede ich darüber, aber während dieses Buch entstand, schaffte ich es nicht nur einmal, mich mit Sekundenkleber irgendwo festzukleben. Nicht aus Protest, sondern aus Tollpatschigkeit ... Mithilfe von acetonhaltigem (!) Nagellackentferner ist man aber schnell wieder ein freier Mensch.

HALT, STEHEN GEBLIEBEN!

Was läuft denn da? Na, der Faden! Bei der Verarbeitung von Stoff ist es von eklatanter Bedeutung zu berücksichtigen, wie der Fadenlauf des verwendeten Materials ist, da dieser darüber entscheidet, wie sich das Genähte später verhalten wird. Es geht darum, in welche Richtung sich der Stoff dehnt und in welcher er eher steif bleibt.

Du musst also für dein jeweiliges Projekt immer mitdenken: In welche Richtung sollte sich der Stoff idealerweise eher dehnen lassen, und ihn dann entsprechend verarbeiten. Ein Beispiel aus diesem Buch: Wenn du deinen Stühlen ein neues Polster verleihen möchtest (siehe Seite 65), dann ist es sinnvoll, dass der Stoff sich stärker in die Breite als in die Länge zieht, so richtest du auch deinen Stoff beim Zuschneiden aus.

Du kannst den Fadenlauf übrigens einerseits daran erkennen, dass sich der Stoff in diese Richtung nicht so stark dehnen lässt, aber auch die Webkante an der Seite deutet auf ihn hin. Sie zeigt immer in Richtung Fadenlauf.

POLSTERMÖBEL FRISCH BEZIEHEN

Wenn der Stoff deiner Couch, deines Sessels oder deines Hockers etwas abgewetzt ist oder du dir einfach etwas Abwechslung im Design wünschst, ist es oft gar nicht so kompliziert, selbst den Bezug zu erneuern. Du brauchst nur etwas Stoff, ein wenig Geduld und einiges an Konzentration. Ich habe mich in diesem Fall an einen Fußschemel gewagt und ihm ein tropisches Muster verpasst.

MATERIAL

- Polstermöbel
- schmaler Schlitzschraubenzieher
- Kombi- oder Flachrundzange
- Nahttrenner
- ausreichend unelastischer Stoff (nicht zu dünn, gerne Polsterstoff für mehr Langlebigkeit)
- Schneiderkreide oder Kreidestift
- Stoffschere
- Stecknadeln
- Nadel und Faden und Nähmaschine (oder nur Nadel und Faden)
- Handtacker und passende Klammern (auch die elektrische Variante ist möglich)

OPTIONAL

- Schwamm und warmes Wasser oder Stück Baumwollstoff und Dampfbügeleisen
- Hammer

KLAMMERN LÖSEN

1 Zunächst den Stoff am Unterboden des Möbelstücks lösen. Dazu die Klammern mit dem Schraubenzieher etwas hochhebeln und dann mit der Zange ganz herausziehen. Sollte der Stoff mit dem Holz verklebt sein, zunächst den Kleber lösen. Dazu mit dem Schwamm warmes Wasser auftragen oder den Baumwollstoff über die verklebten Stellen legen und mit dem Dampfbügeleisen (mit Dampffunktion) darüberfahren.

2 Nun alle Nähte mit dem Nahttrenner vorsichtig auftrennen. Die einzelnen Stoffstücke nicht beschädigen, diese brauchst du später als Schnittmuster. Merke dir dabei unbedingt, welche Stoffstücke mit einer Naht zusammengenäht waren, diese musst du später wieder reproduzieren können. Manchmal sind es nicht nur zwei, sondern drei Lagen, die durch eine Naht fixiert sind, wie es bei meinem Hocker der Fall war.

NÄHTE AUFTRENNEN

STOFFSTÜCKE AUFLEGEN

3 Lege nun alle Stoffstücke auf dem neuen Stoff aus, und zwar so, wie sie später auch wieder zusammengenäht werden. Dadurch kannst du einerseits überprüfen, ob dein Stoff reicht, andererseits läuft so später auch das Muster des Stoffes über die verschiedenen Kanten fort.

ÜBERTRAGEN UND AUSSCHNEIDEN

4 Die Konturen der Stoffstücke dann mit der Schneiderkreide oder dem Kreidestift nachzeichnen, eine Nahtzugabe brauchst du dabei nicht zu berücksichtigen, da der Stoff ja auch genau so zusammengenäht war. Den Stoff entlang der aufgezeichneten Linien ausschneiden.

TIPP

Es ist sehr hilfreich, auf den originalen Stoffstücken mit einem Filzstift die jeweilige **Position zu markieren** (beim neuen Stoff mit Kreidestift auf der linken Seite), um sie später wieder zuordnen zu können. Alternativ oder zusätzlich kannst du auch **Fotos machen**, um deinem Gedächtnis auf die Sprünge zu helfen.

ZIERBÄNDER

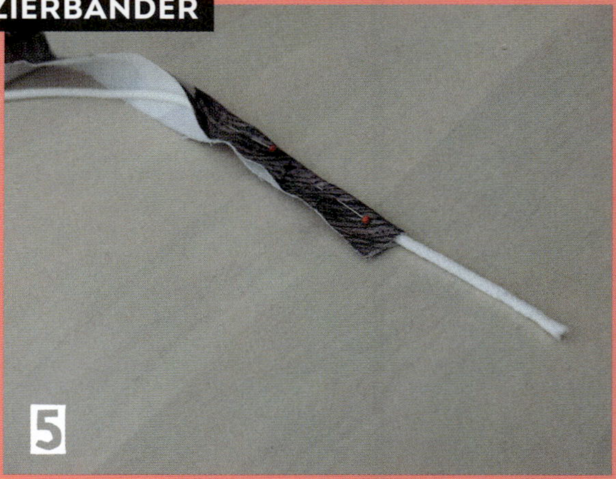

5 Mein Hocker hatte neben den einzelnen Stoffbahnen für die Oberfläche und die Seiten zusätzlich noch Zierränder, bestehend aus einer Kordel, die in einem Stoffschlauch steckte. Hierfür habe ich ebenso den Stoff aufgetrennt, die Kordel entnommen und aus dem neuen Stoff einen Stoffschlauch als Ummantelung genäht. Je nach Möbelstück können auch bei dir ein solcher Zierrand oder andere Schmuckelemente vorhanden sein. Hier heißt es kreativ werden und entscheiden, ob du die alten Materialien wiederverwenden oder durch neue ersetzen möchtest.

SEITENSTÜCKE ZUSAMMENSTECKEN ...

... UND VERNÄHEN

6 Nun Schritt für Schritt vorgehen und die Nähte so setzen, wie sie zuvor auch waren. Je nach deinem Möbelstück können die folgenden Schritte auch abweichen. Zunächst die Seitenstücke (bei mir die oberen für das kleinere Polster) zusammenstecken und mit Nadel und Faden oder mit der Nähmaschine vernähen. Bei der Maschine die Nadel nach links ausrichten und während des Nähens mit dem linken Rand des Fußes am Rand des Stoffes entlangfahren.

OBER- UND SEITENTEILE ZUSAMMENNÄHEN

7 Dann werden Ober- und Seitenteile zusammengesteckt und vernäht. In meinem Fall kam noch einer der beiden Zierränder (s. o.) dazwischen, sodass ich vier Stofflagen zusammennähen musste.

DEN RAND SÄUMEN

8 Nach und nach alle Teile zusammennähen und den unteren Rand, der später an den Boden des Möbels getackert wird, nach Belieben mit der Maschine säumen, sodass er später nicht mehr ausfransen kann. Dazu einen Zickzackstich verwenden: Die Nadel so einstellen, dass sie einmal in den Stoff und einmal direkt daneben einsticht.

MIT STOFF BEZIEHEN

9 Die Polster mit dem Stoff überziehen. Das obere Polster für meinen Hocker musste noch separat eingenäht werden, das geht dann natürlich nur per Hand. Bei solchen Arbeiten darauf achten, dass der Schaumstoff nicht miteingenäht wird. Dieser muss sich weiterhin frei bewegen können.

STOFF FESTTACKERN

10 Zum Schluss wird der untere Stoffrand an der Unterseite des Möbels festgetackert. Dafür das Möbelstück auf den Kopf stellen, den Stoff über die Seiten straff nach oben streifen und im oberen Rand festtackern. Dafür zunächst auf jeder Seite eine Klammer setzen, dann nach und nach den Rest festtackern. Dabei die Klammern in ziemlich engem Abstand zueinander setzen (ca. 1cm) und den Stoff immer wieder zurechtziehen und glatt streifen.

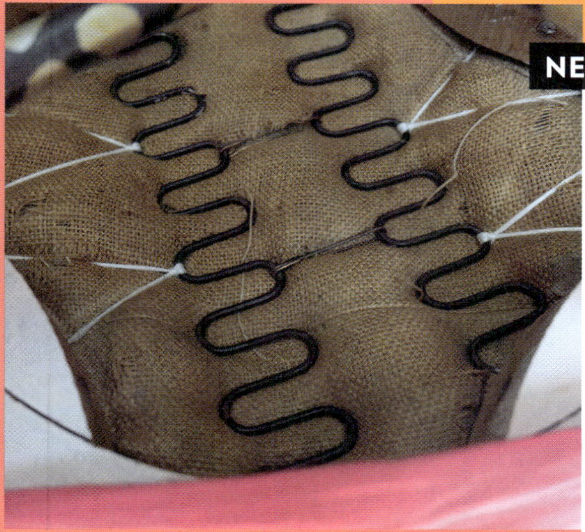

NEUES POLSTER

Wenn das Polstermaterial unter dem Stoff durchgesessen ist oder aus einem anderen Grund ersetzt werden soll, ist auch das kein Problem. **Schaumstoffteile** kannst du einfach durch neuen Schaumstoff ersetzen (auf Seite 56 erfährst du, wie man Schaumstoff am besten schneidet). Die ursprünglichen Materialien dienen auch hier als Mustervorlage für die Größe.
Manche Polstermöbel sind mit Jute und Holzwolle gefüttert (siehe Foto). Diese kannst du durch **frische Materialien** austauschen oder aber durch Schaumstoff ersetzen. Um Federn **neue Sprungkraft** zu verleihen, kannst du die Schnüre ersetzen, die sie an Ort und Stelle halten (siehe ebenfalls das Foto).

NEUER LIEBLINGSPLATZ

LIFE HACK

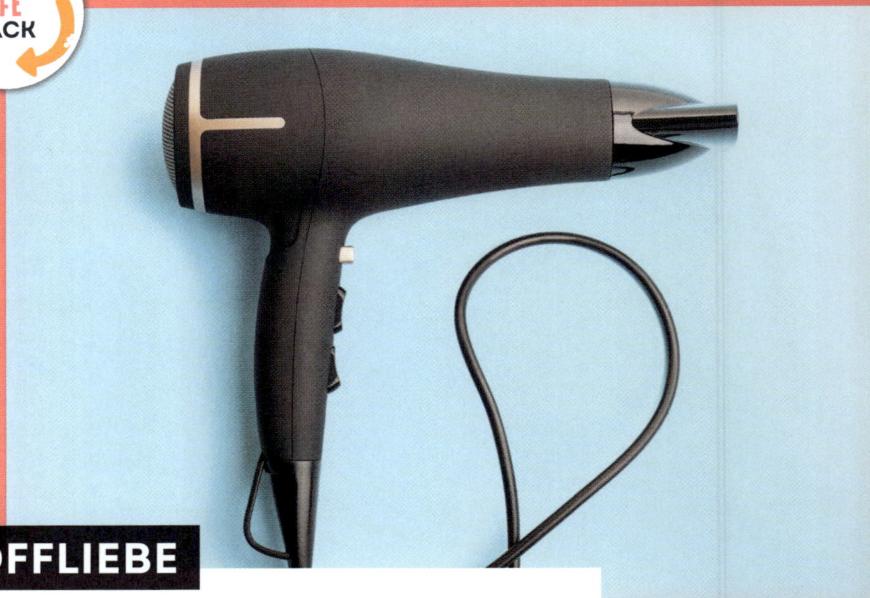

KUNSTSTOFFLIEBE

Wenn etwas zu Bruch ging, was nicht sollte, kannst du es in den allermeisten Fällen auch wieder Kitten. Wenn das beschädigte Teil aus Plastik besteht, kannst du natürlich einerseits zum guten alten Sekundenkleber greifen – dieser hat mir schon sehr oft das Leben gerettet! Oder aber du nimmst deinen Föhn zur Hand. Richtig gehört, es geht um einen stinknormalen Haarföhn. Okay, ein Heißluftgebläse funktioniert auch ...

Richte deine Gerätschaft auf die zu klebenden Stellen und heize ihnen ordentlich ein. Arbeite darauf auf einem hitzebeständigen Untergrund und bring nicht die Finger zwischen den Föhn und sein Opfer! Nach einiger Zeit kannst du die Bruchstücke aneinanderpressen und sie sollten sich wieder in tiefer Innigkeit verbinden. Das klappt nicht immer (kommt auch auf den jeweiligen Kunststoff an), aber immer öfter. Und dann ist das Ergebnis unschlagbar!

DES STUHLS NEUE KLEIDUNG

Wenn du nun schon ein größeres Möbelstück bezogen hast (siehe Seite 58), ist dieses Projekt ein Kinderspiel. Aber auch ohne Vorkenntnisse werden deine Stühle ganz schnell ganz fresh aussehen.

MATERIAL

- Stühle mit gepolsterter Sitzfläche
- Kreuzschlitz-, Schlitzschraubenzieher, Inbusschlüssel oder Akkuschrauber
- schmaler Schlitzschraubenzieher
- Kombi- oder Flachrundzange
- ausreichend unelastischer Stoff (nicht zu dünn, gerne Polsterstoff für mehr Langlebigkeit)
- Schneiderkreide oder Kreidestift
- Stoffschere
- Handtacker und passende Klammern (auch die elektrische Variante ist möglich)

OPTIONAL

- Schwamm und warmes Wasser oder Stück Baumwollstoff und Dampfbügeleisen
- Nähmaschine oder Nadel und Faden
- Hammer

1 Den Stuhl auf den Kopf stellen und die Schrauben, mit dem die Sitzfläche am Gestell befestigt sind, lösen. Welches Werkzeug du dazu benötigst, verrät dir die Art der Schrauben: Kreuzschlitz-, Schlitzschraubenzieher oder Inbusschlüssel. Du kannst für die schnelle, entspannte Lösung auch einen Akkuschrauber mit passendem Bit verwenden.

2 Den Stoff am Unterboden der Sitzfläche lösen. Dazu die Klammern mit einem schmalen Schlitzschraubenzieher etwas hochhebeln und dann mit der Zange ganz herausziehen. Manchmal ist der Stoff zusätzlich mit dem Holz verklebt. Dann ist es notwendig, zunächst den Kleber zu lösen. Dazu mit dem Schwamm warmes Wasser auftragen oder den Baumwollstoff über die verklebten Stellen legen und mit dem Dampfbügeleisen (mit Dampffunktion) darüberfahren. Im Normalfall kann dann der Stoff vom Holz gelöst werden.

SITZFLÄCHE ABTRENNEN

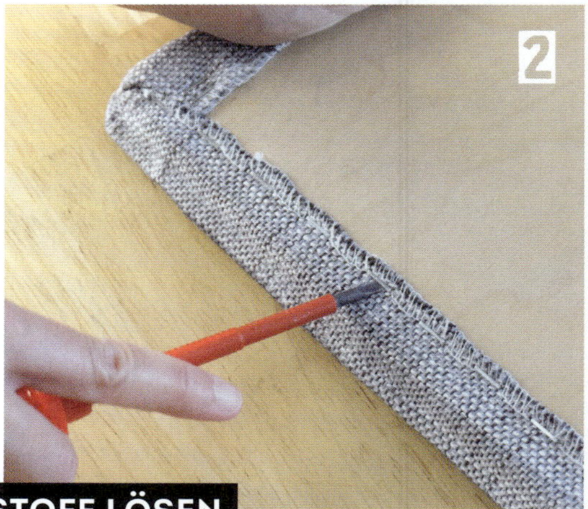

STOFF LÖSEN

3 Der alte Stoff dient als Schnittmuster: Diesen auf dem neuen Stoff auslegen (dabei den Fadenlauf beachten, siehe Seite 57). Sollte der neue Stoff ein geometrisches Muster haben, darauf achten, dass dieses gerade ist. Die Konturen des Stoffs dann mit der Schneiderkreide oder dem Kreidestift nachzeichnen. Eine Nahtzugabe brauchst du dabei nicht zu berücksichtigen, außer der alte Stoff fällt sehr knapp aus, dann kannst du ein paar Millimeter dazugeben. Den Stoff entlang der angezeichneten Linie ausschneiden.

4 Wenn der Stoff dazu neigt, auszufransen, bietet es sich an, die Ränder einzusäumen. Dazu den Zickzackstich der Nähmaschine verwenden. Die Nadel so einstellen, dass sie einmal in den Stoff und einmal direkt daneben einsticht. Alternativ kannst du auch mit Nadel und Faden säumen, dafür den Knopflochstich, auch bekannt als Schlingenstich, verwenden: Etwa 3 mm vom Rand entfernt von hinten nach vorne durch den Stoff stechen, den Faden dann im Uhrzeigersinn einmal um die Nadel legen und die Nadel durch die Schlinge ziehen. Dann etwas weiter links wieder von hinten nach vorne einstechen, Garn darumlegen und so weiter.

KONTUREN ÜBERTRAGEN

STOFF ZUSCHNEIDEN

SCHLINGENSTICH ZUM VERSÄUMEN

STOFF FESTTACKERN

ECKEN TACKERN

SITZFLÄCHE FIXIEREN

5 Nun die Sitzfläche inklusive Polster auf den zugeschnittenen Stoff legen. An einer Seite beginnen zu tackern: Dabei die Klammern in ziemlich engem Abstand zueinander setzen (ca. 1 cm). Dann das Ganze einmal wenden und den Stoff über die Sitzfläche ganz glatt und gerade ziehen. Den Stoff festhalten, die Sitzfläche wieder umdrehen und nun auf der gegenüberliegenden Seite festtackern. Dasselbe auf den beiden anderen Seiten wiederholen.

6 So tackerst du die Ecken: Den Stoff wie beim Einpacken eines Geschenks übereinanderlegen und ganz straff in Doppellage festtackern. Wenn am Schluss einige der Klammern nicht ganz versenkt sind, kannst du sie mit dem Hammer tiefer in das Holz schlagen.

7 Die fertig bezogene Sitzfläche wieder in den Stuhl einlegen und mit den Schrauben fixieren. Fertig ist dein frisch bezogener Stuhl.

LIFE HACK

O SCHRECK, EIN FLECK!

Sollten Flecken auf deinen Sitzpolstern der Grund für das neue Beziehen deiner Stühle sein, dann kannst du natürlich auch erst mal versuchen, die Flecken zu entfernen. Schon zu Großmutters Zeiten hat sich Gallseife hier bewährt. Einfach den Fleck mit etwas Wasser und Gallseife einreiben, den Stuhl für einige Zeit in die Sonne stellen und abwarten. Die Seife anschließend mit klarem Wasser und einem Schwamm abwaschen und alles trocknen lassen. Sollte der Fleck sich als hartnäckig erweisen, kannst du deinen Bezug auch einfärben. Hierfür den Stoff wie auf Seite 66 beschrieben entfernen, färben und anschließend wieder auf das Polster aufbringen.

ETWAS ANDERE KOMMODENGRIFFE

Die alte Kommode vom Flohmarkt hat von dir vielleicht schon einen neuen Anstrich verpasst bekommen (wie das geht, findest du auf Seite 44), aber de Griffe gefallen dir nicht? Dann nur Mut! Die meisten Griffe lassen sich ganz einfach austauschen.

MATERIAL

- Kommode
- Flachkopfschrauben und passende Muttern oder nur Muttern (je nach Patent der Haken)
- einzelne Motiv-Kleiderhaken

OPTIONAL

- Schraubenschlüssel

ALTE GRIFFE LÖSEN

1 Zuerst die Muttern der alten Griffe lösen. Meist geht das per Hand, wenn sie aber sehr fest sitzen, kannst du einen Schraubenschlüssel zur Hilfe nehmen.

NEUE SCHRAUBEN ANBRINGEN

2 Dann die neuen Schrauben von vorne durch die Schubladenfronten stecken und im inneren der Schublade die Muttern ein Stück weit draufschrauben.

HAKEN ANBRINGEN

3 Anschließend die Haken an den Schrauben vorne anbringen und durch das Festschrauben der Muttern fixieren. Wenn deine Haken bereits fest integrierte Schrauben haben, dann musst du sie einfach nur durch die Schubladenfront stecken und kannst sie direkt mit je einer Mutter anschrauben. Fertig ist deine wunderschöne „neue“ Kommode.

SISAL FÜR DEN TOPF

Ein neuer Mantel für deine Topfpflanzen: Wenn einer deiner Blumentöpfe nicht mehr ganz ansehnlich ist, eine kleine Macke hat, die du verbergen möchtest, oder du ganz einfach einen neuen Stil ausprobieren möchtest, bietet sich ein wenig Sisalseil als Designwunder an. Jap, richtig gehört: Seil!

MATERIAL

- **Heißklebepistole**
- **Blumentopf (bei mir waren es 16 cm Durchmesser)**
- **langes Sisalseil (aus dem Baumarkt; ich habe 6,5 m gebraucht)**
- **Schere**

ANFANG

1 Den Blumentopf außen zuerst von Dreck und Staub befreien. Mit der Heißklebepistole an den unteren Rand einen dicken Tropfen Heißkleber geben und ein Ende des Seils daran durch etwas Druck befestigen. Dann entlang des unteren Randes nach und nach weiteren Heißkleber auftragen und das Seil rundum ankleben. Immer etwas warten, bis der Kleber sich verfestigt hat.

MITTE

2 Dann in die zweite Runde gehen und diese an einzelnen Punkten ankleben. Anschließend kannst du das Seil nach und nach um den Topf legen. Achte dabei darauf, dass es stets an der vorangegangenen Seilschicht dicht anliegt. Schiebe es dafür immer wieder nach unten. Hin und wieder kannst du das Seil nun mit etwas Kleber fixieren, aber bereits der Zug sollte das Seil an Ort und Stelle halten.

3 Wenn du ganz oben angekommen bist, das Seil kappen und das Ende festkleben. Nun ist der Topf bereit, um einer Pflanze ein fast neues Zuhause zu bieten.

ENDE

VARIANTE

Du kannst im Übrigen auch alte Konservendosen mit dieser Methode aufhübschen und bekommst so ebenfalls hübsche Pflanzgefäße oder Vasen. Nur sauber machen solltest du sie vorher!

WAS GEMACHT WERDEN MUSS, MUSS GEMACHT WERDEN

DAS BOHRLOCH IST ZU GROSS

Dir ist beim zu eifrigen Bohren das Loch in der Wand zu groß geraten und der Dübel hat mehr Bewegungsfreiheit, als dir lieb ist? Keine Panik, dafür gibt es mehrere Lösungsmöglichkeiten.

MATERIAL

- zu großes Bohrloch
- passender Dübel für die verwendete Schraube
- Powerknete oder Gipsverband/Reparaturvlies oder Zahnstocher/Streichhölzer

Wenn ein größerer Dübel keine Option ist, können diese Alternativen helfen:

1 Ein Stück Powerknete (Reparaturknete) weich kneten, in das Loch stecken und den Dübel hinterherschieben. Nach einer gewissen Aushärtezeit (siehe Packungsanweisung) sollte der Dübel ausreichend Halt finden. Powerknete ist übrigens vielseitig einsetzbar und luftdicht verpackt hält sie praktisch ewig.

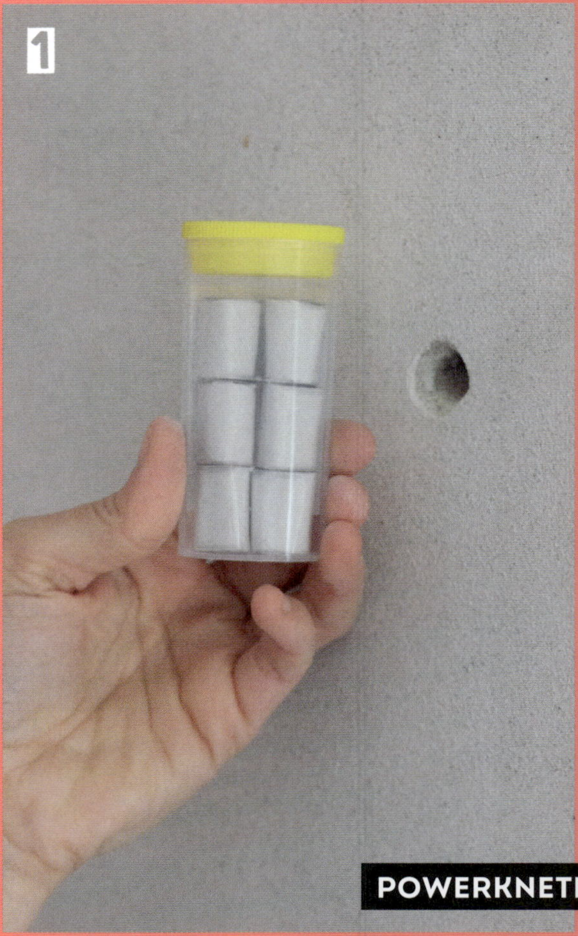

POWERKNETE

GIPSVERBAND

2 Um den Dübel etwas Gipsverband aus der Apotheke oder Reparaturvlies aus dem Baumarkt wickeln, anfeuchten und damit als Füllmaterial in das Bohrloch stecken. Nach wenigen Minuten Trockenzeit kann die Schraube eingeschraubt werden.

ZAHNSTOCHER

3 Den Dübel in das Loch stecken und außen herum mithilfe von Zahnstochern oder Streichhölzern fixieren. Überstehendes Holz einfach absägen.

Sollte der Dübel viel Gewicht aushalten müssen, ist ein zusätzlicher Gang in den Baumarkt, um dort die passende Dübelgröße zu erstehen, definitiv angebracht.

TIPP

Eine noch einfachere Methode besteht darin, statt herkömmlicher Dübel aus Hartplastik Flüssigdübelmasse aus dem Baumarkt zu verwenden, die sich jeder Lochgröße anpasst. So brauchst du dich gar nicht lange mit der Wahl des richtigen Bohrers bzw. Dübels zu beschäftigen.

ALLES IN DIE TÜTE

Wenn du ein Loch in eine Wand bohren möchtest, aber keine helfende Hand an deiner Seite hast, die den anfallenden Staub flux mit dem Staubsauger wegsaugt, wird dieser Trick dir sicher gefallen: Klebe eine alte Brot- oder Brotzeittüte mithilfe von Kreppband direkt unter die Stelle, an der du bohren möchtest. Nun kann das Bohren beginnen! Das meiste vom Staub wird sicher aufgefangen.

GANZ SCHÖN VERKORKST

Wenn du einen Dübel im zu großen Bohrloch versenkt hast oder ihn aus sonstigen Gründen nicht mehr aus der Wand bekommst, dann verwende einfach einen Korkenzieher. Diesen drehst du in den Dübel wie in einen Korken und kannst ihn dann ganz einfach und bequem aus der Wand hebeln.

LÖCHER VERSCHLIESSEN

Nicht nur beim Auszug kommt es vor, dass Bohrlöcher in der Wand verschwinden sollen. Keine Sorge, die sind schnell nicht mehr auszumachen.

MATERIAL

- Spachtelpulver
- Gipsbecher oder leerer Joghurtbecher
- Wasser
- kleiner Malerspachtel
- Schwamm oder Stofftuch

OPTIONAL

- Schleifpapier (ca. 120) + Schleifklotz oder Schleifmaschine

1 Etwas vom Spachtelpulver in den Becher geben. Für ein einzelnes Loch brauchst du nur ganz wenig.

SPACHTELPULVER

TIPP

Es gibt neben Spachtelpulver zum Selbstanmischen auch **Fertigspachtelmasse** aus der Tube zu kaufen. Das ist **besonders praktisch**, geht schnell und du brauchst keinen Becher zum Anmischen.

ANRÜHREN

2 Das Ganze mit etwas Wasser anmischen (das Mischungsverhältnis findest du auf der Verpackung des Spachtelpulvers). Zum Mixen kannst du einfach den Spachtel verwenden. Du hast ab jetzt etwa 20 Minuten Zeit, um das Loch zu verschließen, danach lässt sich die Masse nicht mehr so gut verarbeiten.

LOCH VERSCHLIESSEN

3 Achte darauf, dass das Loch und die umliegenden Wandpartien möglichst staubfrei sind. Mit dem Spachtel etwas von der Masse aufnehmen und das Loch damit füllen, dabei den Spachtel von oben nach unten führen. Diesen Vorgang wiederholen, bis das Loch nicht mehr zu sehen ist.

GLÄTTEN

4 Dann mit dem Spachtel so lange über die Masse fahren, bis diese möglichst glatt mit der Wand abschließt. Spachtelmassenreste kannst du mithilfe des leicht angefeuchteten Schwamms oder Tuchs von der Wand entfernen. Die Masse braucht je nach Produkt und verwendeter Menge etwa 1 bis 4 Stunden, um komplett durchzutrocknen. Wenn es besonders schön werden soll, kannst du die Stelle vor dem Überstreichen noch mit Schleifpapier glätten.

WENN'S SCHNELL GEHEN MUSS

Keine Zeit für den Baumarktbesuch? Zum Füllen kleinerer Bohrlöcher gibt es noch eine fixe Alternative, die besonders Hobbymaler begeistern dürfte. Du kannst einfach Acrylfarbe (am besten natürlich weiße) verwenden. Diese spritzt du einfach in das Loch und lässt die Farbe aushärten. Das geht relativ schnell, das Bohrloch ist verschlossen und überstreichen lässt sich die Stelle auch wunderbar.

DAS LOCH IN DER RAUFASERTAPETE

Du fürchtest um deine Kaution, da über die Jahre ein Stück Raufasertapete flöten gegangen ist? Mit dieser einfachen Anleitung hast du das Problem in Blitzgeschwindigkeit im Griff.

MATERIAL

- **Stück Raufasertapete (etwas größer als das Loch)**
- **Schale mit Wasser**
- **Pinsel**
- **Wandfarbe**

1 Zuerst ein Stück Raufasertapete gut in Wasser einweichen und etwas quellen lassen. Dann das Loch an der Wand großzügig mit Farbe einpinseln.

2 Nun vom eingeweichten Tapetenstück kleine Teilchen abreißen und damit nach und nach das Loch passgenau auskleiden, bis es komplett von frischer Tapete ausgefüllt ist. Die Stücke gut mit dem Finger andrücken.

3 Zum Schluss mithilfe des Pinsels mit frischer Farbe bedecken, dabei eher tupfen als streichen. Trocknen lassen, fertig!

PS: Bei einem flüchtigen Blick sollte das kaschierte Loch nicht mehr groß auffallen. Für ein perfektes Ergebnis streichst du nach dem Trocknen jedoch besser noch einmal die ganze Wand.

TAPETENSTÜCK EINWEICHEN

STÜCKCHEN AUFBRINGEN

TIPP

Noch einfacher geht das Ganze mit **Raufaser-Spachtelmasse** aus der Tube, die du im Baumarkt bekommst: Direkt aus der Tube mithilfe eines Spachtels auf dem Loch auftragen und glätten. Nach dem Trocknen kann die Stelle überstrichen werden.

EIN LOCH IN DER FLIESE

Okay, ich gebe es zu: Ich hatte keine Löcher in meinen Fliesen im Bad und wollte für dieses Buch auch keine reinbohren. Daher habe ich diese Anleitung anhand einer „Probefliese" durchgeführt und fotografiert. Falls du aber wirklich ein Loch oder einen kleinen Riss in einer deiner Bad- oder Bodenfliesen hast, erfährst du hier, was zu tun ist.

MATERIAL

- **Fliese mit Loch oder Riss**
- **Schleifpapier (ca. 120)**
- **Stofftuch**
- **Fliesenreparaturset (aus dem Baumarkt oder Internethandel)**

Wenn das Loch sehr tief ist (sprich ein Bohrloch), solltest du dieses zuerst mit Spachtelmasse ausfüllen (siehe Seite 79) und diese vollständig trocknen lassen. Die Masse muss aber nicht glatt mit der Oberfläche abschließen, es ist in diesem Fall sogar besser, die Vertiefung nicht bis zum Rand zu füllen.

ABSCHLEIFEN

1 Das Loch oder den Riss in der Fliese vorsichtig mit Schleifpapier bearbeiten, um eventuell vorhandene lose Bestandteile zu entfernen und den Untergrund zu glätten.

2 Dann mit dem Stofftuch darüberfahren, um die Fliese komplett von Staub zu reinigen. Achte auch unbedingt darauf, dass deine Fliese komplett fettfrei ist.

SÄUBERN

3 Nun aus dem Set die Wachstöne aussuchen, die der Fliesenfarbe am nächsten kommen. Du kannst auch verschiedene Farben miteinander kombinieren. Da in meiner an sich weißen Fliese auch ein ganz geringer Grauanteil vorkommt, habe ich mich für weißes und hellgraues Wachs entschieden.

FARBE AUSWÄHLEN

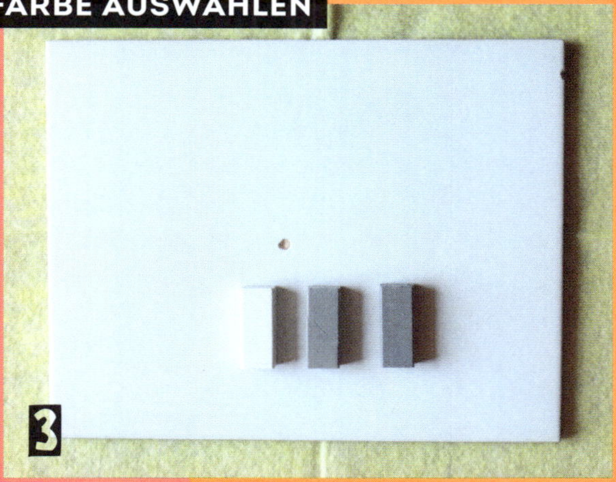

DAS WERKZEUG

Fliesenreparatursets, wie ich hier eines verwendet habe, gibt es von verschiedenen Herstellern **in verschiedenen Preiskategorien**. Ich habe knapp 20 Euro für meines bezahlt und bin mit dem erzielten Ergebnis für diesen kleinen Preis wirklich zufrieden.

4 Den mitgelieferten Schmelzstab einschalten, schon nach wenigen Sekunden wird seine Spitze sehr heiß. Mit dieser nun etwas von dem Wachs abnehmen und in das Loch in der Fliese geben.

5 Wenn du verschiedene Farben miteinander kombinieren möchtest, ist das direkt auf der Spitze des Schmelzstabs möglich (so habe ich es gemacht). Alternativ kannst du die Farben auch einzeln schmelzen und auf einer Metallplatte oder einem anderen hitzebeständigen glatten Untergrund vermischen wie auf einer Malerpalette.

6 Weiter so viel heißes Wachs in das Loch füllen, bis es ein Stück über die Fliesenoberfläche hinausragt.

7 Das überstehende Wachs mit der geriffelten Fläche des mitgelieferten kleinen Hobels abtragen und auf die Höhe der Fliesenoberfläche bringen.

8 Letzten Feinschliff erzielst du mit der scharfen Kante des Hobels, die du glatt über die Fliese ziehst und so letzte Höcker im Wachs beseitigst.

9 Zum Schluss mit dem mitgelieferten Schwämmchen oder einfach dem Tuch darüberfahren. Fertig.

LIFE HACK

WIE WEIT DARF ES SEIN?

Wenn du ein Regal, eine Lampe oder sonst etwas an der Wand anbringen möchtest, bohrst du für gewöhnlich mehrere Löcher, sodass du das begehrte Objekt mithilfe von Dübeln und Schrauben befestigen kannst. Du kennst vielleicht dieses Vorgehen, das auch ich jahrelang praktiziert habe: ein Stück bohren, prüfen, nicht tief genug, weiter bohren, prüfen, nicht tief genug, weiter bohren, prüfen ... Mist, zu tief!

Um dieses Tänzchen zu vermeiden, gibt es einen einfachen Trick: Lege zunächst deinen Dübel neben den Bohrer und markiere die benötigte Tiefe mit einem Isolierband direkt am Bohrer. So weißt du beim Bohren genau: So tief und nicht weiter. Genial, oder?

LIFE HACK

JETZT WIRD'S HEISS!

Wenn du eine Schraube in ein dünnes Holzbrett drehen möchtest, dann heize ihr vorher ordentlich ein – und zwar im wahrsten Sinne des Wortes in der Flamme eines Feuerzeugs. Die Hitze soll vermeiden, dass das Holz beim Eindrehen der Schraube splittert. Ganz klassisch schützt dafür natürlich auch das Vorbohren, aber das wäre ja langweilig.

Hitze hilft übrigens auch dabei, eine rostige Schraube besser lösen zu können. Verwende dafür einen Föhn, den du auf die Schraubverbindung richtest. Durch das Erwärmen dehnt sich die Schraube aus, verschafft sich so mehr Platz und kann nach dem Abkühlen leichter herausgeschraubt werden.

NEUES SILIKON FÜR DIE FUGE

Wenn deine Silikonfugen im Bad eine Macke haben, solltest du schnell handeln, denn durch das Loch kann Feuchtigkeit in die Schichten darunter eindringen und das willst du sicherlich nicht. Mit dieser Anleitung ist das alles kein Problem, nur an den Essiggeruch von Silikon muss man sich gewöhnen ...

MATERIAL

- Cuttermesser (Tapetenmesser)
- Schwammtuch oder Schwamm
- Kreppband
- Silikonkartusche in der richtigen Farbe
- Auspresspistole (Kartuschenpresse)
- Spülmittel
- Wasser
- Silikonglätter (Spatel aus hartem Gummi)

OPTIONAL

- schmaler Schlitzschraubenzieher

1 Zunächst muss das schadhafte Silikon entfernt werden. Dazu an beiden Seiten mit dem Cuttermesser einschneiden.

TIPP

Nicht nur Löcher oder Lücken im Silikon können auf diese Weise behoben werden. Auch wenn du **immer wiederkehrendem Schimmel** endlich das Handwerk legen möchtest, ist dies eine kugelsichere Methode!

2 Dann eventuell mithilfe eines Schlitzschraubenziehers anheben, meist kann man das Silikon aber einfach mit den Fingern greifen und abziehen.

Prüfen, ob auch wirklich alle losen Silikonteile von den angrenzenden Fliesen entfernt sind. Mit einem Tuch darüberfahren, um jeglichen Staub und alle Rückstände zu entfernen.

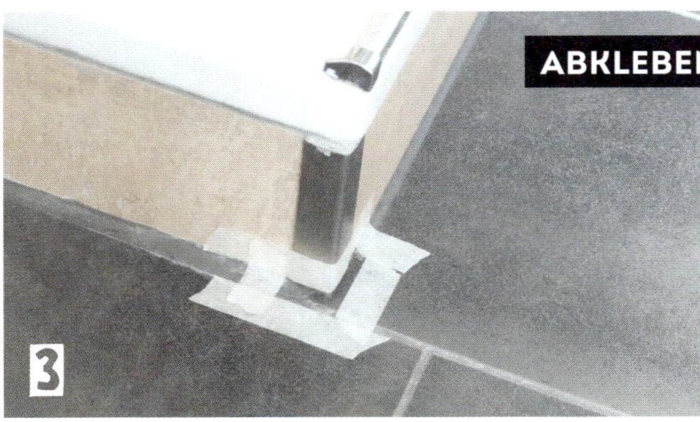

3 Mit dem Kreppband die Fliesen rundherum so abkleben, dass nur noch die Stelle sichtbar ist, auf der das Silikon angebracht werden soll. Am besten auch das angrenzende Silikon abkleben.

4 Die Silikonkartusche öffnen: Dazu mit dem Cuttermesser über das obere Ende der Spitze mit dem Gewinde fahren, während du die Kartusche drehst (das Gewinde nicht abschneiden, das brauchst du noch). Dann die mitgelieferte Tülle aufschrauben und die Kartusche in die Auspresspistole einlegen.

5 Ein Schälchen mit Spülmittel und eines mit Wasser bereitstellen. Mit dem Abzug vorsichtig Silikon aus der Tülle auf die offene Stelle auftragen. Dabei so viel Silikon auftragen, dass etwas davon übersteht. Wenn du fertig bist, kannst du den kleinen Hebel hinten an der Pistole betätigen, der sorgt dafür, dass kein weiteres Silikon aus der Kartusche nachgeschoben wird.

6 Den Schwamm oder das Schwammtuch anfeuchten, Spülmittel damit aufnehmen und großzügig auf das frisch aufgetragene Silikon tupfen.

SILIKON GLÄTTEN

7 Den Silikonglätter mit der gewünschten Seite (die runde bei abgerundeten Kanten, die eckige bei scharfen Kanten) in das Wasser tauchen und damit in einem Zug mit Druck über die Fuge fahren und so das überstehende Silikon abtragen und gleichzeitig für eine zaubere Kante sorgen.

AUSHÄRTEN LASSEN

8 Zum Schluss das Kreppband entfernen und die neue Silikonschicht zum Aushärten in Ruhe lassen. Bei der Trockenzeit gilt die Regel: 1mm pro Tag. Wenn die neue Schicht also 1mm dick ist, dauert es einen Tag, bis sie ganz ausgehärtet ist, bei dickeren Schichten entsprechend länger.

TIPP

Wenn du keinen Silikonglätter zur Hand hast, kannst du auch deinen **angefeuchteten Finger als Abziehhilfe** verwenden. So spürst du auch, ob noch Unebenheiten vorhanden sind.

FUGEN, DIE ZWEITE

Auch Fliesenfugen aus harter Fugenmasse können hin und wieder schlappmachen. Wenn das bei dir der Fall ist, findest du hier schnelle Hilfe.

MATERIAL

- Fugenmesser oder schmaler Schlitzschraubenzieher
- Schwammtuch oder Schwamm
- Kreppband
- Pulver für Fugenspachtelmasse in der richtigen Farbe (siehe Tipp)
- Gipsbecher oder leerer Joghurtbecher
- Wasser
- kleiner Malerspachtel

1 Das Loch in der Fuge sorgfältig mit dem Fugenmesser oder dem Schraubenzieher auskratzen. Dabei das Loch etwas vergrößern, sodass die Masse später darin gut haften kann (ähnlich wie es der Zahnarzt beim Bohren macht, aber weniger schmerzvoll). Du kannst dafür auch ein Mini-Schleifgerät (Multitool) verwenden, dann staubt es aber ordentlich!

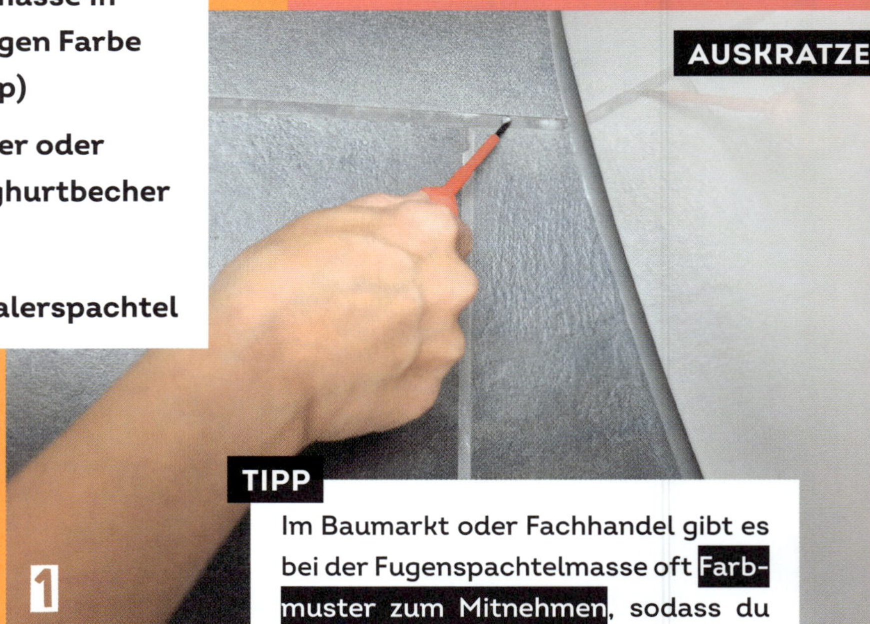

TIPP

Im Baumarkt oder Fachhandel gibt es bei der Fugenspachtelmasse oft **Farbmuster zum Mitnehmen**, sodass du ganz bequem zu Hause checken kannst, welche Nuance du brauchst.

2 Das Loch und das angrenzende Areal sorgfältig mit dem Schwammtuch oder Schwamm von entstandenem Staub befreien. Die Stelle muss trocken, staub- und fettfrei sein.

3 Um unnötige Kleckereien und die damit verbundenen Saubermachaktionen später zu umgehen, klebe ich die umliegenden Fliesen immer mit Kreppband ab. Dann landet die Fugenmasse später auch nur dort, wo sie hinsoll.

4 Nun etwas Fugenspachtelmassepulver in den Gipsbecher oder den Joghurtbecher geben und mit etwas Wasser zu einer glatten Masse anrühren. Du brauchst wirklich nur ganz wenig davon. Das Mischungsverhältnis findest du auf der Verpackung. Du kannst alternativ auch fertige Spachtelmasse aus der Tube verwenden, das geht dann noch schneller.

5 Je nach Größe des Lochs etwa ein fingernagelgroßes Stück von der Masse mit dem Spachtel aufnehmen und in das Loch streichen. Eventuell noch etwas mehr hinzufügen und das Ganze grob mit dem Spachtel abziehen, sodass nicht mehr zu viel übersteht.

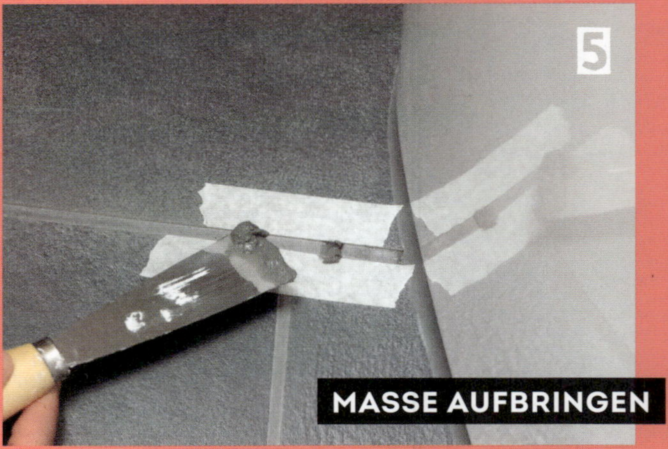

6 Den Rest dann mit dem angefeuchteten Schwammtuch oder Schwamm abnehmen und die Fuge so glätten. Eventuell auch noch einmal mit dem Finger vorsichtig darüberfahren, um zu prüfen, ob die Masse mit der restlichen Fuge glatt abschließt.

7 Zum Schluss das Kreppband entfernen und die Stelle gut trocknen lassen. Das dauert etwa einen bis zwei Tage.

TIPP

Zum Reinigen solltest du den Spachtel direkt nach der Arbeit zuerst etwas an Küchenpapier abputzen und dann unter fließendem Wasser spülen und abtrocknen. Wenn du einen Gipsbecher verwendet hast, gibt es einen **einfachen Trick**: Lass die Fugenmasse im Becher etwas aushärten (etwa 1 bis 2 Stunden). Dann kannst du den Becher durchkneten. Die Masse löst sich dann **praktischerweise** in größeren Brocken, sodass du sie ganz bequem entsorgen kannst.

DIE WAND IST BESCHÄDIGT

Ja, woher stammen eigentlich immer diese Beschädigungen im Putz? Wenn du Kinder hast, ist die Sache klar. Wenn nicht, bist du vielleicht Schlafwandler … oder wie ich einfach verdammt tollpatschig. Das Loch, das du hier zu Übungszwecken abgelichtet siehst, rührt zumindest von einer umgefallenen Staffelei her – an so viel kann ich mich zumindest noch erinnern …

MATERIAL

- Stoff- oder Schwammtuch
- Spachtelpulver
- Gipsbecher oder leerer Joghurtbecher
- Wasser
- kleiner Malerspachtel
- etwas Wandfarbe und Pinsel oder Farbe aus der Tube mit praktischem Auftragsschwamm (aus dem Baumarkt)

OPTIONAL

- schmaler Schlitz-schraubenzieher
- Schleifpapier (ca. 120) + Schleifklotz oder Schleifschwamm oder Schleifmaschine

PUTZ ENTFERNEN

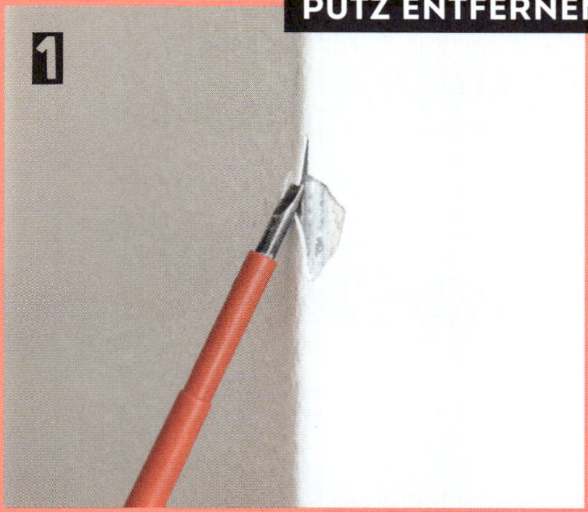

1 Lose Teile vom Putz um die Schadstelle herum entfernen. In meinem Fall ging das ganz einfach mit den Fingern, du kannst dafür aber auch einen schmalen Schlitzschraubenzieher verwenden.

Mit dem Tuch Staub und andere Bestandteile entfernen, sodass die Stelle trocken und frei von allen Rückständen ist.

SPACHTELMASSE AUFBRINGEN

2 Etwas vom Spachtelpulver in den Becher geben. Je nach Größe der beschädigten Stelle brauchst du nur ganz wenig. Laut Packungsangabe mit etwas Wasser anrühren (mehr Details dazu Seite 79) und die Spachtelmasse relativ großzügig mithilfe des Spachtels auf die auszubessernde Stelle auftragen.

GLÄTTEN

3 Die Masse mit dem Spachtel von oben nach unten glatt abziehen. Wenn sich dabei wieder eine Lücke im Loch ergibt, einfach wieder etwas mehr Spachtelmasse daraufgeben und erneut abziehen. Diesen Vorgang so oft wiederholen, bis du mit dem Ergebnis zufrieden bist.

4 Mit dem angefeuchteten Tuch kannst du überflüssige Masse von der umliegenden Wand entfernen. Pass dabei aber auf, dass du nicht dein Kunstwerk ruinierst. Sonst musst du wieder von vorne beginnen.

5 Nun lässt du das Ganze über Nacht trocknen, bevor du die Stelle nach Belieben für ein optimales Ergebnis mit einem Schleifschwamm oder Schleifpapier glättest.

6 Zum Schluss kommt noch etwas Farbe darauf, um die Stelle zu übertünchen. Ich habe dafür Farbe aus einer praktischen Tube verwendet, die ich immer für solche Ausbesserungsarbeiten zu Hause habe.

AUF SCHATZSUCHE

Wenn etwas zu Bruch geht, dann fühlt sich die Suche nach den verstreuten Einzelteilen bisweilen an wie eine Schatzsuche. Nur, dass man am Ende für die mühsame Arbeit nicht mit einer Kiste Gold belohnt wird, sondern damit, dass wir weiterhin bedenkenlos barfuß durch unsere Wohnung laufen können, ohne Verletzungen befürchten zu müssen. Dieser Trick erleichtert dir die Suche.

Die schlechte Nachricht ist, du musst weiterhin auf dem Boden herumkriechen und die Glassplitter aufsammeln. Aber dafür machst du sie viel schneller aus: Verdunkle den Raum, bringe eine Taschenlampe auf Bodenhöhe und scanne damit den Fußboden. Ein Glitzern verrät dir den Lageort von Splittern.

Zum Aufheben einfach ein Wattebausch oder -pad anfeuchten, auf die Stelle drücken und voilà: Die winzigen Splitter bleiben daran haften.

SCHRANKSCHARNIERE AUF SPUR BRINGEN

Die Tür deines Sideboards oder Schranks hängt auf halb acht oder steht weit vom Korpus ab? Dann her mit dem Schraubenzieher und etwas Feingefühl!

MATERIAL

- Schrank oder anderes Möbelstück mit Topfscharnieren (Topfbändern)
- Kreuzschlitzschraubenzieher

In der Mitte des am Schrankkorpus befestigten Scharnierteils befinden sich zwei hintereinanderliegende Schrauben. Die vordere der beiden stellt ein, ob die Türe im geschlossenen Zustand weiter links oder weiter rechts positioniert ist. Wenn du die Schraube weiter rein schraubst, kommt die Türe weiter raus, wandert so weiter nach links, oder umgekehrt.
Die hintere Schraube ist für die Tiefe der Türe zuständig, mir ihr kannst du kontrollieren, wie weit die Tür vom Korpus absteht. Dabei gibt es zwei Patente: Entweder du musst nur die Schraube nach links oder rechts drehen und die Türe bewegt sich. Oder du löst die Schraube, positionierst die Türe wie gewünscht und ziehst die Schraube dann wieder fest.
Wenn die Türe unten schleift, musst du die Schrauben, die das Scharnier am Korpus halten, lösen und das Scharnier etwas weiter nach oben schieben. Dann wieder festschrauben.

KRATZER IM PARKETT ...
... UND IM LAMINAT

Schnell ist es passiert: Ein schwerer Gegenstand plumpst runter und schlägt ein unschönes Loch in das Parkett oder Laminat. Mit dieser Anleitung erzielst du zwar kein perfektes Ergebnis, aber optisch holst du noch einiges aus dem ollen Boden raus und verzögerst so das Austauschen oder das Abschleifen des gesamten Bodenbelags.

AUSKRATZEN

1

SÄUBERN

2

MATERIAL

- schmaler Schlitzschraubenzieher
- Stoff- oder Schwammtuch und/oder Küchenpapier
- Fertigspachtel für Laminat und Parkett im richtigen Farbton (siehe Tipp)
- Kunststoffspachtel
- Wasser

1 Mit dem Schlitzschraubenzieher eventuell lose Teile und Schmutz aus dem Loch herauskratzen. Hier kann sich mit der Zeit einiges festgetreten haben.

2 Mit dem Tuch den angefallenen Staub und Dreck rückstandslos entfernen. Der Untergrund muss komplett trocken und fettfrei sein.

3 Die Tube mit der Spachtelmasse gut durchkneten. Dann einen Klecks davon mithilfe des Spachtels auf dem Loch im Boden auftragen und anschließend glatt abziehen.

4 Die überschüssige Masse um das Loch herum mit dem angefeuchteten Tuch oder Küchenpapier vom Boden entfernen. Nach 20 Minuten Antrocknungszeit kannst du auch noch einmal mit dem feuchten Tuch über die aufgefüllte Fläche gehen, um Unebenheiten zu entfernen. Die Masse ist nach etwa 30 Minuten komplett getrocknet.

TIPP

Neben Spachtelmasse aus der Tube gibt es, ähnlich wie für die Reparatur von Fliesen (siehe Seite 84), ganze **Reparaturkits** mit Füllmaterial in verschiedenen Farbnuancen und einem Schmelzwerkzeug. Einen Versuch ist es auf jeden Fall wert!

Um den exakt richtigen Farbton hinzubekommen, kann man auch mehrere Nuancen miteinander mischen. Ich habe mich ausschließlich für den Farbton Buche entschieden, mit einem zusätzlichen dunkleren Ton hätte ich ansonsten noch **die Maserung des Holzes** nachempfinden können. Aber bei so einem kleinen Kratzer kann man auf das Mischen auch verzichten. Sollte es sich allerdings um einen größeren Kratzer handeln, dann lohnt es sich, etwas Zeit in das Farbenmischen zu investieren.

HEIZKÖRPER ENTLÜFTEN

Ist dir aufgefallen, dass dein Heizkörper an manchen Stellen nicht mehr richtig warm wird, oder dringen vielleicht verräterische Geräusche aus ihm – ein leises Gluckern? Dann hat sich darin vermutlich Luft angestaut, die dort nichts zu suchen hat. Wenn sie erst mal raus ist, ist Ruhe und du sparst auch noch bei den Heizkosten.

MATERIAL

- Heizkörper
- Entlüftungsschlüssel (aus dem Baumarkt) oder Schlitzschraubenzieher
- Schale oder anderer Behälter, um das Wasser aufzufangen

DAS HEIZUNGSVENTIL

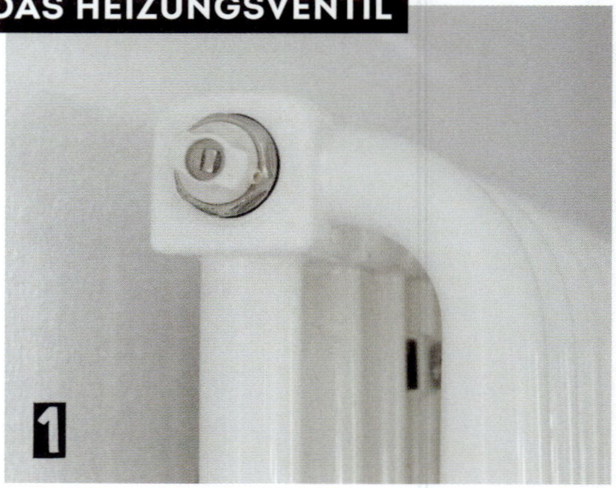

1 Stelle zunächst die Heizung komplett aus, drehe also das Thermostat auf die Schneeflocke. Am gegenüberliegenden Ende findest du ein Ventil, das mit einer Schraube verschlossen ist (also zumindest in den allermeisten Fällen).

VENTIL AUFDREHEN

2 Das Ventil (den Plastikteil) so drehen, dass das kleine Loch zu dir zeigt. Dann die Schraube mit dem Entlüftungsschlüssel oder einem einfachen Schlitzschraubenzieher lösen, dabei die Schale unter das Loch halten.

WASSER AUFFANGEN

3 Wenn tatsächlich Luft im Heizkörper war, passiert erst einmal nichts (das heißt, die Luft entströmt). Nach einiger Zeit sollte dann Wasser kommen, das du mit der Schale auffängst. Die Schraube wieder festziehen, fertig.

TIPP

Um sicher zu sein, dass die Heizung auch wirklich gut entlüftet wurde, solltest du etwa 50 ml Wasser auffangen, bevor du das Ventil wieder zudrehst. In der Regel reicht es, wenn du einmal im Jahr, im Idealfall vor der Heizperiode, deine Heizungen entlüftest.

TOILETTENSPÜLUNG ENTKALKEN

Hast du dich schon einmal getraut, deinen Spülkasten zu öffnen? Nein? Dann empfehle ich dir, es einfach mal zu machen. Warum nicht gleich jetzt? Denn Kalkablagerungen im Toilettenkasten können auf Dauer dazu führen, dass die Spülung durchläuft und damit Wasser verschwendet wird.

MATERIAL

- Spülkasten
- Eimer mit warmem Wasser
- Essig oder Essigessenz
- verschieden große Bürsten
- Sprühflasche

OPTIONAL

- Rohrzange und Stofftuch

1

VENTIL SCHLIESSEN

1 Zunächst das Zulaufventil für das Wasser schließen. In meinem Fall ist dieses außerhalb des Spülkastens angebracht, manchmal befindet es sich aber auch im Spülkasten. Schau einfach einmal nach, wo es bei dir sitzt. Wenn es sehr fest verschraubt ist, brauchst du zum Lösen eventuell eine Rohrzange. Lege dann ein Stofftuch zwischen Zange und Knauf, damit dieser nicht verkratzt.

2 Das Wasser im Eimer mit Essig (1:1) oder Essigessenz (5:1) versetzen. Den Spülkasten öffnen (falls noch nicht geschehen) und die Mutter lösen, mit der der Schwimmer am Wasseranschluss befestig ist. Diesen in das Essigwasser legen.

3 Auch das Ablaufventil (Spülventil) entnehmen und zum Schwimmer in den Eimer legen. Beides nun mehrere Stunden oder über Nacht einwirken lassen. Anschließend mithilfe der Bürsten von Kalkresten befreien.

4 Das Ablaufventil wieder einsetzen (ich habe auch gleich den Schwimmer wieder angebracht) und das Wasser aus dem Eimer (ohne Kalkreste, die sich am Boden abgesetzt haben) in den Spülkasten gefüllt. Kalkablagerungen oberhalb der Wasseroberfläche zusätzlich mit Essigwasser aus der Sprühflasche einsprühen. Auch hier das Ganze einwirken lassen, dann mit den Bürsten sauber schrubben, das Wasser wieder anstellen und probespülen.

HILFE, VERSTOPFUNGEN!

**Läuft es bei dir im Bad nicht mehr so richtig rund bzw. ab?
Ich spreche nicht von Verdauungsproblemen, sondern davon, dass der Abfluss des Waschbeckens oder gar ein Abflussrohr verstopft ist.**

MATERIAL

- verstopfter Abfluss und/ oder Abflussrohr
- Eimer
- Stofftuch
- Pömpel oder Pumpe

OPTIONAL

- Rohrzange

TIPP

Wenn der Abfluss deines Waschbeckens verstopft ist, lass am besten die Finger von Rohrfrei-Produkten. Meist verschlimmern sie nur die Lage und sie sind absolut umweltschädlich. Ich setze aus Erfahrung sofort auf Mechanik und reinige den Siphon.

Der Siphon ist übrigens das Rohr unter dem Waschbecken, dass wie ein U geformt ist. In der Biegung befindet sich stets Wasser, so werden unangenehme Gerüche verhindert. Den Siphon nennt man deshalb auch Geruchsverschluss. Hier sammeln sich aber auch gerne Ablagerungen, die den Wasserablauf behindern können.

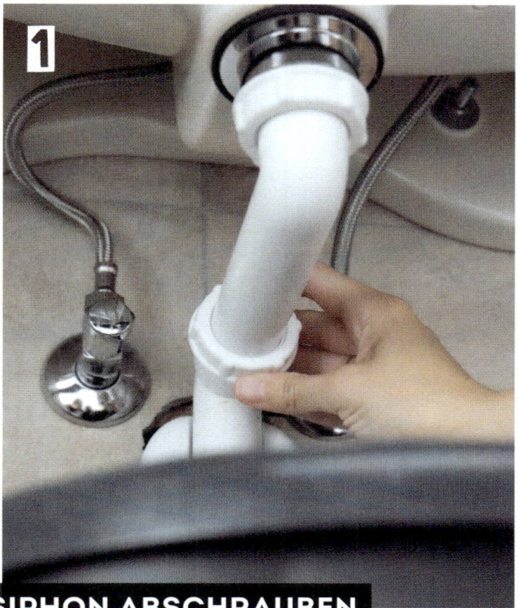

SIPHON ABSCHRAUBEN

SIPHON REINIGEN

1 Zuerst einen Eimer unter den Siphon stellen und die beiden Muttern lösen, die das Mittelstück des Siphons an Ort und Stelle halten. Bei Versionen aus Plastik geht das mit der Hand, bei Metall muss man meist zur Rohrzange greifen.

2 Das Mittelstück entnehmen (aufpassen, dass der Dichtungsring nicht abhandenkommt) und reinigen. Ich spüle es mit heißem Wasser. Wieder einsetzen und eine Probe machen, ob bei laufendem Hahn kein Wasser entfleucht.

ÜBERLAUF VERSCHLIESSEN

PUMPEN

1 Sollte ein ganzes Abflussrohr verstopft sein, können Pömpel oder Pumpe zum Einsatz kommen. Ich habe nur eine Pumpe, das Prinzip ist aber das gleiche: Es geht darum, die Verstopfung unter Druck zu setzen. Bei mir ist meist der Rohrabschnitt zwischen Toilette und Badewanne betroffen, daher arbeite ich mit dem Abfluss der Badewanne. Zuerst die Öffnung zum Überlauf der Wanne mit einem feuchten Tuch gut verschließen.

2 Mit dem Gummiaufsatz der Pumpe den Abfluss abdecken und ca. 5–10 cm hoch Wasser in die Wanne lassen. Dann den Gummistutzen leicht schräg anheben, sodass etwas Wasser einfließen kann. Und nun kräftig pumpen, pumpen, pumpen. Bei mir macht sich der Abfluss dann immer akustisch bemerkbar und ich höre genau, wie sich die Verstopfung verabschiedet. Sehr befriedigend!

ALLES IN REIH UND GLIED!

Was habe ich mir schon die Haare gerauft, wenn es darum ging, zwei oder mehr Bilder genau in einer Reihe aufzuhängen! Trotz genauesten Messarbeiten tanzte mindestens eines immer aus der Reihe. Es war zum Verzweifeln ... bis ich über diesen Trick gestolpert bin, der dem Wahnsinn ein Ende bereitete.

Du benötigst einen großen Papierbogen. Bei kleinen Rahmen reicht ein A3-Block, bei größeren Angelegenheiten holst du dir am besten so eine praktische Zeichenpapierrolle von einem bekannten schwedischen Einrichtungshaus. Dann legst du deine Bilderrahmen ganz bequem auf dem Boden oder einem Tisch mit dem Papier darunter aus. In der Horizontalen fällt es einfach deutlich leichter, alles akkurat anzuordnen, als an der Wand, wo die Schwerkraft gegen einen arbeitet. Nun die Rahmenkonturen mit einem Bleistift anzeichnen sowie die Position der Aufhänger, also wo gebohrt werden muss. Dann mithilfe einer Wasserwaage gerade an die Wand bringen, mit Kreppband festkleben und einfach durch das Papier durchbohren. Ein Kinderspiel!

WENN DER WASSERHAHN TROPFT

Wenn der Hahn Wasser absondert, obwohl er zugedreht ist, ist das nicht nur nervig, sondern verschwendet auch Ressourcen. Daher solltest du in diesem Fall schnell handeln. Meist ist Kalk die Ursache, die es gilt, in den Griff zu bekommen.

ENTKALKEN

MATERIAL

- tropfender Wasserhahn
- Luftballon (unaufgeblasen)
- Essig oder Essigessenz
- Stofftuch
- Rohrzange
- neue Dichtungen und/ oder neue Mischdüse (Perlator)

Zunächst kannst du versuchen, dem Problem von außen Herr zu werden. Dafür den Luftballon mit Essig oder mit Wasser verdünnter Essigessenz (Mischverhältnis siehe Verpackung) füllen und von unten über den Wasserhahn ziehen, sodass der verkalkte Teil im Essig steht. Dann ein paar Stunden warten, den Ballon wieder entfernen und den Hahn mit Wasser reinigen. Das Gröbste an Kalk sollte sich damit erledigt haben.

MISCHDÜSE ABSCHRAUBEN

Wenn der Hahn weiter tropft, muss vermutlich die Dichtung oder gleich die gesamte Mischdüse (der vordere Teil des Hahns) gewechselt werden. Dafür die alte Mischdüse abschrauben. Dazu benötigst du wahrscheinlich eine Rohrzange, manchmal geht es aber auch mit der Hand. Dafür ein Tuch um die Mischdüse legen (damit sie nicht verkratzt), diese mit der Rohrzange greifen und lösen. Dann die Düse abschrauben.

MISCHDÜSE ABNEHMEN

Nun den Dichtungsring austauschen oder gleich eine neue Düse anbringen. Fertig! Übrigens kannst du die Mischdüse zum Entkalken auch abschrauben und über Nacht in Essig legen. So wird innen haftender Kalk entfernt.

MISCHDÜSE ANBRINGEN

TIPP

Solltest du das umgekehrte **Problem** haben, d. h. es kommt nur noch ein Rinnsal aus dem Hahn, obwohl du ihn weit geöffnet hast, dann liegt das oft an **Schmutz** (kleine Steinchen), der sich im Sieb der Mischdüse gesammelt hat. Dazu diese abschrauben und den Schmutz entfernen.

VORHÄNGE KÜRZEN

Die wenigsten Vorhänge haben genau die Länge, die man braucht. Da gibt es nur zwei Möglichkeiten: Die langen Vorhänge lange Vorhänge sein lassen und den Überstand Staubmäuse fangen lassen oder aber zur Schere greifen. Letztere Möglichkeit exerzieren wir hier durch.

MATERIAL

- Vorhänge
- Maßband
- Stecknadeln
- Lineal oder Handmaß
- Schneiderkreide oder Kreidestift
- Stoffschere
- Nähmaschine oder Nadel und Faden

OPTIONAL

- Saumband zum Bügeln
- feuchtes Baumwolltuch
- Bügeleisen

ABMESSEN

1 Die vorgesehene Länge mit dem Maßband an einer Längsseite des Vorhangs abmessen (von oben nach unten, beginnend bei der Schlaufen, an denen später der Vorhang an der Stange hängt). 10 cm Nahtzugabe dazurechnen und die Position mit einer Nadel fixieren.

SCHNITTKANTE ANZEICHNEN

2 Nun den Abstand von der unteren Kante bis zur Nadel messen und fortlaufend alle ca. 30 cm eine Nadel auf dieser Höhe einstecken. Die Linie zwischen den Stecknadeln mithilfe eines Lineals und der Schneiderkreide einzeichnen. Den Vorhang mit der Schere kürzen.

UMBÜGELN

3 Den Vorhang auf links drehen (falls noch nicht geschehen) und am unteren Rand um 1,5 cm umbügeln (links auf links). Dann von der neu entstandenen Kante wiederum 8,5 cm abmessen und umbügeln. Mit Nadeln feststecken.

FESTNÄHEN

4 Mit der Nähmaschine oder Nadel und Faden festnähen. Bei der Maschine die Nadel nach links ausrichten und während des Nähens mit dem linken Rand des Fußes am Rand des doppelt umgeknickten Saums entlangfahren.

ALTERNATIVE MIT SAUMBAND ZUM BÜGELN:

Die Länge wie auf Seite 117 beschrieben abmessen (10 cm Nahtzugabe sind nicht notwendig), abstecken und anzeichnen. Statt den Stoff abzuschneiden, wird er nun auf links gedreht und an der markierten Linie umgebügelt (links auf links). Dann das Saumband einlegen, ein feuchtes Baumwolltuch auflegen und bügeln, bis das Tuch trocken ist. Wenn der Stoff abgekühlt ist, den überstehenden Stoff direkt am Saumband abschneiden.

TIPP

Der Stoff geht beim Waschen etwas ein, daher macht es Sinn, ein wenig bei der Vorhanglänge draufzuschlagen. Bei vielen Vorhängen findest du auf dem Waschzettel, um wie viel er einläuft (z. B. um 4 %), so kannst du genau ausrechnen, wie viel mehr du einplanen musst.

DAS IST ABER SPANNEND!

Die meisten von uns hängen ja doch ziemlich an ihrem Leben. Insofern du auch dazugehörst, möchte ich dir hier zeigen, wie du sichergehst, zumindest nicht durch einen elektrischen Schlag aus dem Diesseits befördert zu werden.

Die Vorsichtsmaßnahmen kennst du ja: Sicherung raus. Prüfen, ob die Sicherung wirklich raus ist, indem du einmal das Licht einschaltest. So, und nun kommt der spannende Teil: Nun prüfst du noch einmal, ob wirklich kein Strom in dem Kreislauf läuft, den du beackern möchtest. Nimm dafür einen Phasenprüfer zur Hand und halte die metallene Spitze in die Steckdose. Ja, richtig gehört: Tu das, was dir deine Mama immer strengstens verboten hat. Und nun legst du einen Finger auf die obere Seite des Griffs, da, wo ein kleiner Metallkreis zu sehen ist. Leuchtet die kleine Lampe im Phasenprüfer auf? Dann ist Strom drauf! Bleibt es dunkel, ist alles sicher.

LIFE HACK

ARBEIT MIT STROM

Es werde Licht! Irgendwann komm für jeden von uns der Moment, in dem er oder sie eine Lampe anbringen soll. Und hier erfährst du nun, wie das geht.

MATERIAL

- Deckenlampe (oder anderes Gerät, das mit dem Stromkreis verbunden werden soll)
- Kabelabmantler oder Cuttermesser
- Abisolierzange
- Lüsterklemme (oder Leuchtenklemme aka WAGO-Klemme)
- Schraubenzieher

OPTIONAL

- Aderendhülsen + Presszange (Crimpzange) für Aderendhülsen

HINWEIS ZU BEGINN

Laut Niederspannungsanschlussverordnung ist es Laien eigentlich nicht gestattet, selbst beim Anschließen einer Lampe oder von anderen technischen Geräten an den Stromkreis Hand anzulegen. De facto wird dies nicht geahndet. Dennoch bist du dafür verantwortlich, wenn durch ein nicht korrekt angeschlossenes Gerät ein Schaden entsteht. In der Regel übernehmen Versicherungen dann auch nicht den Schadensersatz.

1 Erster, ganz wichtiger Schritt: Sicherung raus. Zweiter, ganz wichtiger Schritt: prüfen, ob die Sicherung auch wirklich raus ist. Das geht, indem geprüft wird, ob andere elektrische Geräte, die an den Stromkreis des Raumes angeschlossen sind, auch nicht gehen. Außerdem kannst du noch einmal mit einem Phasenprüfer auf Nummer sicher gehen (siehe Seite 119).

2 Aus der Decke (bzw. der Wand) sollte bereits ein Kabel bzw. die einzelnen Adern herauslinsen, an die man die Lampe anschließen kann. Ein paar Zentimeter der Ummantelung des Kabels aus der Decke sowie des Lampenkabels selbst ganz vorsichtig entweder mit einem Abmantler oder einem Cuttermesser entfernen. Unbedingt darauf achten, die Isolierung der Adern darunter nicht zu verletzen!

3 Anschließend die Isolierung der einzelnen Adern um ca. 0,5 cm mithilfe einer Abisolierzange abmachen (bei dieser kannst du den Abstand zwischen den beiden Zangen mithilfe der Schraube oben auf die Dicke der Adern einstellen).

DIE FARBEN DER ADERN:

Braun (manchmal Schwarz) = Außenleiter oder Phase (L): Darüber fließt der Strom zur Lampe hin.

Blau (manchmal Grau) = Neutralleiter oder Nullleiter (N): Darüber fließt der Strom zurück.

Grün-Gelb (manchmal Rot) = Erdung oder Schutzleiter (PE): Er bietet Schutz vor einem elektrischen Schlag, falls das Gerät defekt ist. Über ihn fließt der Strom in die Erde, statt etwa über deine Hand.

IN LÜSTERKLEMME BEFESTIGEN

4 Die zutage kommenden feinen Kupferdrähte werden leicht verdrillt und so gebündelt (du kannst sie zusätzlich noch mit Aderendhülsen versehen). Manchmal sind es auch massive Kupferdrähte und nicht mehrere, sehr feine Drähte, die müssen natürlich nicht verzwirbelt werden.

5 Die Drähte in der Lüsterklemme befestigen, indem du sie in die kleinen Öffnungen steckst und die entsprechenden Schrauben zudrehst (bei der Verwendung von Leuchtklemmen ist es noch komfortabler, da die Drähte dann ganz einfach eingeklemmt werden). Dabei darauf achten, dass sich jeweils dieselben Farben gegenüberliegen: Braun und Braun, Blau und Blau, Grün-Gelb und Grün-Gelb. Und schließe zuerst den Schutzleiter (grüngelb), dann den Nullleiter (blau) und zuletzt den Außenleiter (braun) an.

TIPP

Bevor du die Deckenlampe anschließt, solltest du schon einen Haken mithilfe eines Dübels an der Decke angebracht haben, an dem du später die angeschlossene Lampe aufhängen kannst. Dann nur noch die Kabelabdeckung über den Kabelsalat schieben, fertig. Teilweise gibt es aber auch individuelle Aufhängsysteme. Dann gehst du einfach nach beigelegter Anleitung vor.

BOHRERGLÜCK

Wenn du mal in die Verlegenheit kommst, eine Fliese durchbohren zu wollen/müssen/sollen, dann gilt vor allem eines: Vorsicht! Denn eine solche Keramikfliese nimmt dir zu viel Druck schnell krumm und springt entzwei. Schalte also bei der Drehzahl einen Gang runter und geh behutsam vor. Ein spezieller Bohrer für Fliesen und Glas minimiert die Gefahr eines Risses noch. Und damit du nicht voller Elan losbohren möchtest und dann prompt abrutschst und das Waschbecken ruinierst (siehe unten), hier ein kleiner Tipp: Klebe Kreppband auf die Stelle für mehr Grip und markiere die Bohrstelle mit Bleistift.

PASTA FÜR ALLE!

„Was, ein Kratzer auf meinem neuen Waschbecken?!“, dachte ich empört, als ich den grauen Streifen im Bad entdeckte. Es stellte sich zum Glück heraus: Es war kein Kratzer, sondern eine Abriebspur von etwas Metallischem. Vielleicht meinem Ring? Was tun? Erinnerst du dich an den Hack mit dem Besteckabrieb auf Tellern (siehe Seite 41)? Was für unser Essgeschirr gut ist, kann für das Waschbecken ja wohl kaum verkehrt sein. Daher gilt auch hier: Zahnpasta drauf, einreiben, abspülen, fertig. Mein Waschbecken erstrahlt im alten neuen Glanz.

NEUE KLINKE, NEUES SCHLOSS

Die Klinke hängt schief, die Türe schließt nicht mehr richtig ... Zeit für ein neues Türschloss. Damit es wieder heißt: Türe zu und gut!

MATERIAL

- **Inbusschlüssel (meist 3 mm) oder Schlitzschraubenzieher**
- **Kreuzschlitzschraubenzieher oder Akkuschrauber**
- **neue Türklinke**
- **neues Schloss**
- **Schließblech/ Winkelschließblech (optional)**

TIPP

Prinzipiell haben Türbeschläge und Schlösser für Zimmertüren Standardmaße. Du solltest aber vorsichtshalber noch einmal nachmessen, ob die neuen Teile auch wirklich passen. Gerade die Dicke des Türblatts (meist 37–47 mm) kann bei älteren Türen etwas größer ausfallen.

1 Zuerst baust du die alte Klinke sowie das Schloss aus, was ganz einfach geht: An den Klinken sollten sich an der Seite oder Unterseite eine kleine Schraube befinden, die sich mit einem Inbusschlüssel lösen lässt. Bei manchen Patenten ist es auch eine Schlitzschraube oder einfach ein Stift, der durch Druck entfernt werden kann. Diese Schrauben oder Stifte also lösen und die Klinken mitsamt dem daran angebrachten Vierkantstift zu den Seiten abziehen.

2 Mit dem Kreuzschlitzschraubenzieher oder dem Akkuschrauber die Schrauben lösen, mit denen die Schilde am Türblatt befestigt sind, und die Schilde entfernen. Dann die Schrauben rausdrehen, mit denen das Schloss in der Tür verankert ist, und das Schloss ganz einfach herausziehen.

SCHLOSS, SCHILD UND KLINKE ANSCHRAUBEN

SCHLIESSBLECH ERNEUERN

3 Nun das neue Schloss einlegen und festschrauben. Die neuen Klinken mitsamt der Schilde am Türblatt anbringen und die Schilde festschrauben. Zum Schluss werden die kleinen Schrauben an den Klinken noch festgedreht. Wenn du statt mit einer Schildgarnitur mit einer Rosettengarnitur (also kein durchgehendes Schild zwischen Klinke und Schlüsselloch, sondern zwei separate Beschläge) arbeitest, ist das Vorgehen nicht viel anders: Die einzelnen Beschläge werden ebenso im Türblatt verschraubt (für die exakte Position am Türblatt sollte eine Bohrschablone beigelegt sein).

4 Nun hast du die Klinken und das Schloss deiner Tür erneuert. Ich habe darüber hinaus noch das Schließblech ausgetauscht, da das alte schon abgenutzt war und farblich nicht zu den neuen Klinken gepasst hat. Auch das geht wunderbar einfach: Die Schrauben, mit dem das Schließblech angebracht ist, entfernen. Das neue Blech anlegen, festschrauben, fertig!

ES QUIETSCHT NICHT DAS QUIETSCHEENTCHEN

LIFE HACK

Wenn es quietscht und knarrt, kann das ein Hinweis darauf sein, dass bei dir ein freundliches Gespenst sein Unwesen treibt – oder es ist die Zugluft, die die Türen bewegt. Was auch der Grund für die Lärmbelästigung sein mag, die Lösung ist immer dieselbe: Da muss Öl ins Getriebe! Oder besser gesagt in die Türscharniere.

Der Klassiker ist Multifunktionsöl aus der Dose, das einen praktischen Aufsatz hat, der aussieht wie ein zu dünn geratener Strohhalm und den du ganz einfach an den Zwischenraum zwischen den beiden Scharnierteilen hältst, während du ordentlich Öl reinpumpst. Okay, übertreiben musst du es auch nicht. Ein wenig reicht, sonst gibt es auch so unschöne Flecken. Die Tür noch ein wenig hin- und herbewegen und fertig.

Und jetzt der Knüller: Wenn du kein praktisches Dosenöl zu Hause hast (was ich dir aber dringend ans Herz lege, da es wirklich praktisch ist), tut es auch stinknormales Oliven- oder Sonnenblumenöl. Einfach auf ein Wattepad geben und damit das Scharnier an den Kontaktstellen einreiben. Bon appétit!

EISENTEILE VON ROST BEFREIEN

Rostbraun war gestern. Oxidationsprozesse lassen Eisen schnell alt aussehen: Es bekommt unschöne rotbraune Verfärbungen und einen krustigen Belag. Dabei gibt es eine Geheimwaffe, die das Zersetzen des Eisens stoppt.

MATERIAL

- verrosteter Gegenstand (z. B. Balkongeländer, Gartentür ...)
- Drahtbürste
- Stofftuch
- Rostumwandler
- Pinsel
- neuer Lack

OPTIONAL

- Schlitzschraubenziehen

ROSTPARTIKEL LÖSEN

1 Zunächst wird der Gegenstand mit der Drahtbürste bearbeitet, um grobe Rostpartikel zu lösen und die Oberfläche zu glätten. Eventuell vorhandene Ecken können dabei mit einem Schlitzschraubenzieher freigekratzt werden. Mit dem Tuch den Gegenstand abwischen, sodass er möglichst staubfrei ist.

2 Den Rostumwandler dann mit dem Pinsel großzügig auf den rostigen Flächen auftragen. Manche Produkte haben sogar einen im Deckel integrierten Pinsel, wie es bei meinem der Fall war. Das ist besonders praktisch.

3 Nach ein paar Minuten kannst du schon beobachten, wie die rostbraune Farbe einem schillernden Grau- bis Schwarzton weicht. Nach der angegebenen Zeit auf der Verpackung kannst du deinen Gegenstand mit dem neuen Lack lackieren.

TIPP

Verwende für die frische Lackierung am besten **Rostschutzfarbe**. Sie beugt der Bildung von neuem Rost lange vor und schützt das Metall vor Korrosion.

DIE TÜR IST SCHIEF!

Nanu, warum schleift die Zimmertüre denn auf dem Boden? Das könnte daran liegen, dass sie etwas schief in den Seilen oder genauer in den Scharnieren hängt. Abhilfe ist aber schnell geschaffen. In dieser Anleitung verrate ich dir, wie.

MATERIAL

- schleifende/schiefe Tür (geht auch bei Haustüren)
- passender Inbusschlüssel (meist 5 mm)

OPTIONAL

- Schlitzschraubenzieher

1 Wenn du die Tür öffnest, siehst du auf Höhe der beiden Scharniere jeweils einen kleinen Plastikknopf. Diese kannst du ganz einfach herausnehmen (evtl. mit einem Schlitzschraubenzieher herausheben).

2 Die Schraube mit dem Inbus um etwa eine halbe Umdrehung lockern und die Türe zu dir bzw. zur Zarge hinziehen, ja nach gewünschtem Winkel. Hier geht es ein bisschen ums Versuchen und Ausprobieren nach dem Trial-and-Error-Prinzip.

3 Danach die Schrauben wieder festziehen, die Plastikkappen daraufsetzen und fertig.

EIN WACKELIGER STUHL

Wenn dein Stuhl kippelt und wackelt, kann es sich um eine Lappalie oder einen größeren Schaden handeln. Für ersteren Fall findest du hier eine Lösung, bei letzterem müsstest du die Hilfe von Fachleuten in Anspruch nehmen.

Stelle den Stuhl einmal auf den Kopf und prüfe, ob das Wackeln von ein paar losen Schrauben herrührt. Das wäre dann der einfache Fall, den wir hier behandeln können. Greife zum Inbusschlüssel oder Schraubenzieher (je nach Patent deines Stuhls) und ziehe alles ordentlich fest.

Rührt das Gewackel daher, dass die Stuhlbeine unterschiedlich lang sind, kannst du versuchen, das auszugleichen, indem du Bodengleiter aus Filz auf die kürzeren Beine klebst.

Ist das Gestell des Stuhls aber verklebt, müsste es neu verleimt werden. Dann kann dir ein Schreiner oder eine Schreinerin weiterhelfen. Und manchmal hilft auch ein ganz neues Gestell, das du (oder ein Fachmann oder eine Fachfrau) an die Sitzschale anbringen kannst.

MATERIAL

- wackelnder Stuhl
- Inbusschlüssel oder Schraubenzieher in passender Größe

OPTIONAL

- Bodengleiter aus Filz

DAS FENSTER IST WIEDER GANZ DICHT

Zieht es in deiner Wohnung oder regnet es sogar durchs geschlossene Fenster rein? Kein Witz, das ist mir letztens bei einem Unwetter passiert! Dann ist es höchste Zeit, die alten Gummidichtungen zu wechseln. Das spart nicht nur Nerven, sondern auch Heizkosten. Anhand meines Übeltäters, eines Dachfensters, zeige ich dir, wie das geht.

MATERIAL

- **Dachfenster oder Fenster**
- **neue Dichtung (siehe Tipp)**

TIPP

Um die passenden Dichtungen zu besorgen, gibt es bei Dachfenstern einen einfachen Trick: Im Fenster ist irgendwo ein Typenschild (meist hinter einer Klappe) versteckt, das dir genau verrät, was du kaufen musst. Im Onlinehandel kannst du ganz bequem die Zahlenfolge eintippen und bekommst exakt passende Dichtungen geliefert. Bequemer geht es nicht!

Bei normalen Fenstern schneidest du etwas von der alten Dichtung ab und nimmst das Stück mit in den Fachmarkt oder schickst es beim Händler ein, der dir das richtige Modell raussucht.

HINWEIS

Bei normalen Fenstern gibt es nur eine Dichtung, die an einem Stück (also mit zwei offenen Enden) daherkommt. Diese auch einfach in den Falz eindrücken, bei den Ecken einfach ein bisschen stauchen (nicht einschneiden!) und am Ende wieder zusammenführen.

1 Die alten Dichtungen entfernen. Im besten Fall kannst du sie einfach rausziehen, im schlimmsten sind sie schon so porös, dass du die Einzelteile mühsam herausfieseln musst. Achte darauf, dass der Falz, in dem sie angebracht waren, danach komplett sauber ist und keine Reste vom alten Gummi mehr darin stecken.

2 Bei einem Dachfenster gilt es, zwei neue Dichtungen einzulegen (eine unten und eine oben), das Prinzip ist bei beiden jedoch dasselbe: Zuerst die Ecken in den Falz drücken und dann nach und nach die Seiten einarbeiten. Wenn du wie ich ein Schwingfenster hast, hilft es, dieses beim Eindrücken der Dichtung immer etwas zu bewegen und so den Winkel zu verändern, sodass du auch an den Aufhängungen vorbeikommst.

IMMER GRIFFBEREIT – WERKZEUG UND MATERIAL

DEIN WERKZEUGKASTEN

DIE BASICS

Du möchtest deinen Werkzeugkasten bestücken, hast aber keine Ahnung, was reingehört? Hier findest du einen Überblick über die Basics:

- ein großer Hammer (nach Bedarf zusätzlich auch ein kleiner Hammer)
- Zollstock
- Schlitz- und Kreuzschlitzschraubenzieher in verschiedenen Größen
- Inbusschlüssel in verschiedenen Größen
- Schraubenschlüssel in verschiedenen Größen: Ringmaulschlüssel haben vorne ein offenes Maul und hinten einen geschlossenen Ring, das ist ganz praktisch; kleiner Tipp: Bei Platzproblemen bietet sich ein einzelner größenverstellbarer Schraubenschlüssel an.
- Stichling: zum Markieren von Punkten, etwa bevor gebohrt werden soll
- Rohrzange
- Seitenschneider und Flachrundzange oder eine Kombizange: zum Fixieren und Schneiden
- Kneifzange: zum Kürzen von starkem Draht und dünnen Metallstücken sowie zum Herausziehen von Nägeln
- Cuttermesser (auch als Tapeten- oder Teppichmesser bekannt)
- Wasserwaage
- Allzweckschere
- Bleistift

TIPP

Viele Schraubenzieher haben eine magnetische Spitze, die dir dabei hilft, die Schraube an Ort und Stelle zu halten, bevor du sie eindrehst.

DA GEHT NOCH MEHR

Die **Grundausstattung** hast du beisammen, da geht aber noch mehr. Wenn du Blut geleckt hast und eins drauflegen möchtest, kannst du noch folgende Gegenstände in deinen Kasten packen:

- Maßband
- Ratsche mit Stecknüssen in verschiedenen Größen: besonders praktisch, um Schrauben und Muttern schnell und effizient festzuziehen oder zu lösen
- Handsägen:
  - Bügelsäge zum Sägen von Holz oder Metall + einspannbare Sägeblätter für Holz und/oder Metall
  - Fuchsschwanz zum Sägen von großen Holzstücken
  - Feinsäge für filigrane Holzarbeiten
- Feilen in verschiedenen Größen: zum Glätten oder Formen von Metall oder Holz
- Lochzange: zum Ausstanzen von Löchern in Textilien, Leder oder Metall

PROFIAUSSTATTUNG

- Winkelmesser: zum Messen und Übertragen von Winkeln
- Maurer- und Glättkelle: zum Anbringen und Glätten von Mörtel und Co.
- Meißel: zum Spalten von Materialien
- Drehmomentschlüssel: sieht aus wie eine gewöhnliche Ratsche, aber er lässt zu, dass man Schrauben und Muttern mit einem individuell einstellbaren Drehmoment festziehen kann; eher für Arbeiten an Rad und Auto interessant, aber ich wollte ihn erwähnt haben
- und vieles mehr ...

UNTER STROM

Für Drive sorgen elektrische Geräte. Hier findest du sowohl absolute **Must-haves** als auch Profiwerkzeug.

- Must-haves:
  - Bohrmaschine bzw. leistungsstarker Akkuschrauber + Bits (zum Schrauben) und Bohrer (... nun ja, eben zum Bohren)
- Profigerät:
  - Bohrhammer
  - Kreissäge, Stichsäge und Co.
  - Schleifmaschinen + Schleifpapier: Delta-, Schwingschleifer, Multitool und Co.
  - Nagelmaschine oder elektrischer Tacker
  - und vieles mehr ...

TIPP

Wenn du ein elektrisches Gerät nur **einmalig** für ein spezielles Projekt benötigst, kannst du dieses meist einfach beim Baumarkt um die Ecke ausleihen.

DURCHLAUFWARE IMMER PARAT

Diese Dinge solltest du am besten in der Standardausstattung gleich zu Hause und griffbereit haben, sodass du nicht für jede Schraube zum Baumarkt musst um daheim angekommen festzustellen, dass du den passenden Dübel auch nicht hast. Glaub mir, ich weiß, wovon ich spreche.

- Nägel, Dübel, Haken, Schrauben, Muttern und Beilegscheiben in verschiedenen Größen (hier gibt es im Baumarkt praktische Sets in Boxen mit Fächern, in denen die Standardgrößen vertreten sind)
- Lüsterklemmen
- Kabelbinder
- Isolierband
- Schnur
- Draht
- Panzertape
- Kreppband (auch als Malerkrepp bekannt)
- Schleifpapier in verschiedenen Feinheitsgraden (je höher die Zahl, umso feiner ist die Körnung auf dem Papier)

BESONDERE EINSATZBEREICHE

Wenn du gewöhnliches Terrain verlässt und dich auf besondere Mission begibst, können dir diese Helferlein zu Diensten sein.

MALER-, TAPEZIER- UND SONSTIGE ARBEITEN AN WÄNDEN

- Pinsel, Rollen, Farbwanne und Abstreifgitter
- Kleisterbürste und eine Tapezierbürste oder Andrückwalze, Tapeziertisch
- Spachtel in verschiedenen Größen und Gipsbecher (Spachtelbecher)

SANITÄRARBEITEN

- Auspresspistole (Kartuschenpresse): zum Aufspritzen von Silikon (siehe Seite 90)
- Fugenmesser zum Auskratzen von Schäden in Fugen und zum Beschneiden von Silikonfugen (siehe Seite 94)
- Pömpel (der Fachbegriff ist wohl Ausgussreiniger), Pumpe oder Spirale zum Reinigen von Abflüssen und Rohren
- Fliesenschneider

ARBEITEN MIT HOLZ

- Schleifklotz + Schleifpapier: um Holzoberflächen zu glätten oder Farbreste zu entfernen (siehe Seite 45)
- Schleifschwamm zum Glätten oder Aufrauen von Oberflächen (siehe Seite 47)
- Zwingen, Klemmen und Rahmenspanner: zum Fixieren von Holzteilen, die aufeinandergeklebt werden sollen
- Schraubstock

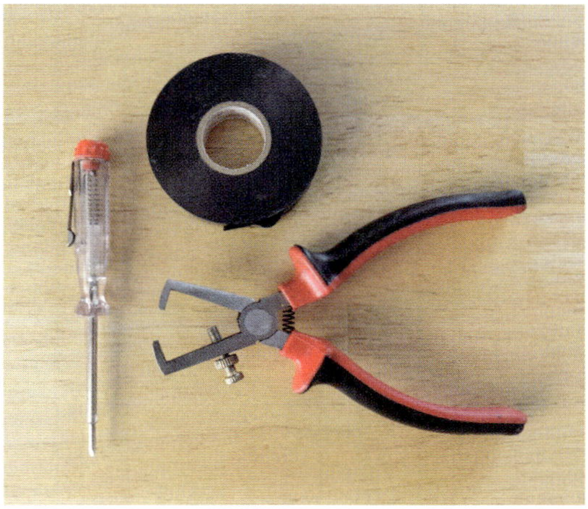

ARBEITEN MIT STROM

- Spannungsprüfer (auch bekannt als Phasenprüfer): zum Arbeiten mit Strom (siehe Seite 119)
- Abisolierzange und Kabelentmantler: für Arbeiten mit elektrischen Kabeln, etwa zum Anbringen einer Lampe (siehe Seite 120)
- Presszange (Crimpzange) + Aderendhülsen: zum Befestigen der Hülsen auf offenen Aderenden, um die feinen Kupferdrähte zu bündeln (siehe Seite 122)

ABREITEN MIT TEXTILIEN

- Tacker + Klammern: zum Festtackern von Stoffen, etwa zum Beziehen von Polstermöbeln (siehe Seiten 58 und 65); gibt es auch in der Elektrovariante
- Stoffschere
- Schneiderkreide oder Kreidestift
- Stecknadeln
- Nähnadeln und/oder Nähmaschine
- Nahttrenner
- Sicherheitsnadeln
- Maßband

PULVER UND PASTEN FÜR JEDE LEBENSLAGE

Wenn man sich mal im Baumarkt umsieht, scheint es für jedes Problem, für jede Reparatur ein Mittelchen zu geben, das verspricht, für Abhilfe zu sorgen. Ich möchte an dieser Stelle gerne Licht ins Dickicht dieses Angebots bringen und dir erklären, wofür welches Produkt genau geeignet ist. Dabei unterscheide ich absolute Klassiker von fancy Produkten, von denen ich selbst teilweise noch nie etwas gehört hatte, bis zur Recherche zu diesem Buch.

VERY BASIC BAUSTOFFE

- Spachtelmasse: Du bekommst sie klassisch als Pulver oder fertig einsatzbereit aus der Tube. Mit ihr werden Bohrlöcher verschlossen (siehe Seite 79), Macken im Putz repariert (siehe Seite 98) und kleinere Risse in der Wand kaschiert. Du kannst als Ersatz auch Gips verwenden, der ebenso einfach mit Wasser angerührt wird.
- Fugenmasse: Auch sie bekommst du als Pulver (von unhandlichen 20-kg-Säcken bis hin zu praktischen 1-kg-Packungen; Letztere bieten sich für Reparaturarbeiten an) und fertig angemischt aus der Tube. Achte darauf, dass du zur richtigen Farbe greifst. Häufig gibt es dafür im Baumarkt Muster (siehe Seite 94).

- Silikon: Die etwas unangenehm riechende, aber wunderbar abdichtende Masse kommt in Kartuschen daher, die du zur Verwendung in eine Auspresspistole (Kartuschenpresse) einlegen musst (siehe Seite 92). Mit ihr zauberst du in Bad und Küche wasserundurchlässige, flexible Fugen. Auch hier ist beim Kauf auf die richtige Farbwahl zu achten!
- Acryl: Auch Acryl kannst du in Kartuschen kaufen, die du in eine Auspresspistole einlegst. Mit ihm kannst du ebenso wie mit Silikon abdichtende Fugen fabrizieren (üblicherweise zwischen Fenster- bzw. Türrahmen und Wand), aber auch Risse in Wänden kitten. Im Gegensatz zu Silikon kannst du Acryl einfach überstreichen. Für kleinere Ausbesserungsarbeiten bietet sich die Verwendung von handlichen Tuben an.
- Montagekleber: Das Prinzip von Montagekleber besteht darin, dass er alles an alles klebt und das mit viel Kraft. Er wird vor allem für größere Flächen eingesetzt und kommt meist in Kartuschen daher, die in eine Auspresspistole eingesetzt werden müssen.
- Holzkleber aka Holzleim: Hier gibt es die klassische (Trocknungszeit etwa 10 Minuten) und die Express-Variante (Trocknungszeit 5 Minuten und schneller), Leime, die wasserfest sind, und solche, die sofort für Haftung sorgen (du brauchst dafür keinen Druck auf die zusammenzuklebenden Elemente etwa durch Zwingen ausüben). Und sicherlich gibt es noch viel mehr. Lass dich im Baumarkt deines Vertrauens beraten und probiere dich einfach mal durch.

- Sekundenkleber: Hier gibt es den Klassiker und auch spezielle Versionen z. B. zum Kleben von Keramik (siehe Seite 30). Er bietet sich für feine Reparaturarbeiten an. Man braucht kaum Druck auszuüben und er klebt glatte Oberflächen in Sekundenschnelle (daher der Name, Sherlock!) wunderbar fest zusammen.
- Zwei-Komponenten-Kleber (Epoxidharzkleber): Auch hier findest du Produkte für verschiedene Einsatzbereiche im Handel. Das Besondere: Dieser Kleber besteht aus zwei Stoffen, die erst kurz vor dem Kleben miteinander vermischt werden. Er ist besonders fest und belastbar.
- Heißkleber: Er wird, wie der Name schon sagt, erhitzt und so verflüssigt. Dazu wird eine Heißklebepistole verwendet. Heißkleber kommt für alle möglichen Bastelarbeiten zum Einsatz und ist in verschiedenen Farben erhältlich. Mit ihm lassen sich auch gut unebene Oberflächen aneinanderkleben.
- Textilkleber: Ein praktischer Helfer, um speziell Stoffe zu verkleben. Wer hätte es gedacht … Man kann ihn etwa zum Säumen von Stoffen verwenden, wenn keine Nähmaschine zur Hand ist.
- und noch einige mehr …

VERY SPECIAL BAUSTOFFE

- Fliesen-Reparaturkit: Das praktische Set kommt mit Reparaturwachs in verschiedenen Farben, einem Schmelzstab, einem Plastikhobel und Schwamm daher. Damit kann man im Handumdrehen kleinere Macken und Löcher in Fliesen beheben (siehe Seite 84). Alternativ bietet sich dazu auch die Arbeit mit Acryl an (siehe oben).
- Parkett- und Laminatspachtelmasse bzw. Parkett- und Laminat-Reparaturkit: Die Spachtelmasse lässt sich ähnlich wie normale Spachtel verwenden (siehe Seite 103), das Reparaturkit funktioniert nach demselben Prinzip wie das Kit für Fliesen (siehe oben).

- Anti-Schimmel-Farbe aus der Tube: Mit ihr werden kleine Problemstellen, an denen sich oberflächlicher Schimmel oder Stockflecken gebildet haben, überstrichen. Mithilfe der integrierten Bürste (je nach Hersteller ist es auch ein Schwamm) kann die Farbe ganz einfach auf die betroffenen Stellen aufgetragen werden. Bei einem größeren Schimmelproblem solltest du aber auf jeden Fall Hilfe von Fachleuten beanspruchen, da im schlimmsten Fall deine Gesundheit in Gefahr ist.

WEITERE HILFREICHE MITTEL

Neben den Baustoffen gibt es noch ein paar weitere Helferlein, die dir den Alltag erleichtern werden:

- Isopropanol (Reinigungsalkohol) zum Reinigen von Oberflächen, Plastikteilen (siehe Seite 36) und Fenstern sowie als Lösungsmittel für wasserunlösliche Lacke und als Desinfektionsmittel
- Aceton zum Reinigen von Oberflächen und abbeizen von Lacken
- Multifunktionsöl aus der Dose zum Sprühen zum Schmieren von Scharnieren und Co. (siehe Seite 127), zum Lösen von Flugrost und als Rostschutz sowie als Reinigungsmittel
- Druckluftspray zum Entfernen von Staub aus unzugänglichen Spalten und Ritzen (siehe Seite 40)
- Rostumwandler zum Behandeln von rostigen Oberflächen, bevor eine neue Lackschicht aufgetragen wird (siehe Seite 128)

ZU DEINEM EIGENEN SCHUTZ

Schütze dich bei der Arbeit immer gut, sodass das DIY-Projekt nicht im Krankenhaus endet. Diese Utensilien helfen dir dabei.

- Arbeitshandschuhe: schaden nie und schützen deine zarten Händchen
- Mundschutz: schützt dich davor, Feinstaub (etwa beim Schleifen) oder ähnlich Schädliches einzuatmen
- Schutzbrille: sorgt dafür, dass kein Fremdkörper in deinen Augen landet (etwa beim Schleifen oder Sägen)
- Gehörschutz: ist angebracht, wenn du mit lautem Gerät, wie z. B. Schlagbohrmaschinen oder Schleifgeräten, hantierst
- Schutzhelm: Wenn du Dinge an der Decke oder oberhalb deiner Schultern reparierst, kann ein solcher Helm nicht schaden.

HILFE GEFÄLLIG?

Wenn du selbst nicht mehr weiterkommst, weil du dir eine Reparaturarbeit nicht zutraust, es tiefer in den Elektronikbereich geht (hier unbedingt auf Hilfe zurückgreifen, wenn es über das Anschließen von Lampen hinausgeht!) oder du anderweitig Rat benötigst, gibt es zahlreiche Anlaufstellen. Die wichtigsten stelle ich dir hier vor.

LERNE, DIR SELBST ZU HELFEN

Möchtest du dich gerne weiterbilden oder hast ein konkretes Projekt im Auge, das du unbedingt selbst in Angriff nehmen möchtest, so kannst du dich in einem Kurs fortbilden. Das Angebot reicht von allgemeinen Handwerkerkursen bis zu Spezialschulungen in einem bestimmten Bereich.

Manche Baumärkte bieten günstige Handwerkerkurse an, wirf dazu doch einfach mal einen Blick auf die Webseite des Marktes deines Vertrauens. Daneben gibt es auch andere private Anbieter sowie die Volkshochschule mit einem breiten Kursangebot. Mittlerweile gibt es sogar Onlineseminare zu diesen Themen.

AUF EINEN PLAUSCH INS REPAIR CAFÉ

Gerade zum Reparieren von kleineren Elektrogeräten, aber auch von Kleinmöbeln, Fahrrädern und Co. bietet sich der Besuch eines Reparatur- oder Repair Cafés an. Hier arbeiten meist Ehrenamtliche vom Fach, die dir dabei helfen, Kaputtes wieder auf Vordermann zu bringen. Und du lernst dort vielleicht auch den einen oder anderen Kniff, um in Zukunft vielleicht sogar selbst Hand anlegen zu können. Eine Spende ist bei Gefallen gerne gesehen. Reparatur-Cafés gibt es in fast jeder Stadt. Im Internet findest du sicherlich auch eines in deiner Nähe. Schau doch mal unter https://www.reparatur-initiativen.de/ oder https://www.repaircafe.org/de/.

DA MUSS WOHL DOCH JEMAND KOMMEN

Wenn alles nichts hilft, hilft es ja nichts: Dann musst du wohl doch einen Handwerker oder eine Handwerkerin kommen lassen. Kostengünstige Angebote findest du auf Börsen wie www.my-hammer.de oder www.blauarbeit.de.

NUTZE DIE SCHWARMINTELLIGENZ

Das Internet ist voll von Besserwissern und Erklärbären. Warum sollest du dir das nicht zunutze machen? Es gibt zahlreiche Foren, in denen darüber diskutiert wird, wie dieses oder jenes nun korrekt repariert oder ersetzt gehört. Klar, bisweilen kann es mühsam sein, sich durch die gutgemeinten Ratschläge zu ackern. Manchmal ist aber auch ein wahres Goldstück an Antwort dabei, das dir bei deinem Projekt weiterhilft. Schau doch mal bei https://deutschland-repariert.de/forum/reparaturforum/, https://www.ifixit.com/ oder www.dasheimwerker-forum.de.

DIY-INFLUENCER

Und last, but not least gibt es ja da noch YouTube. Hier findest du wirklich für jedes Projekt eine Anleitung. Das Problem: Es gibt unfassbar viele YouTuber und teilweise widersprechen sie sich auch in ihren Aussagen. Wenn du aber keine Angst hast, in einer endlosen Heimwerker-Videoschlaufe unterzugehen, dann kann ich dir dieses Medium nur stark ans Herz legen. Denn es gibt einen riesigen Vorteil: Du wirst direkt mitgenommen und siehst genau, wie was ausgeführt werden soll. Das hat mir selbst schon oft das Leben ... okay, wir wollen nicht dramatisch werden ... die gute Laune gerettet.

Hier eine Liste meiner Go-to-Kanäle:

- @EinfachKreativ vom SWR für kreative Upcycling-Ideen
- @MakeMagazinDE der Zeitschrift Make: für handfeste DIY-Projekte
- @M1Molter ist der Kanal eines Allroundprofis zu den Themen Reparieren, Bauen, Heimwerken, der das Motto verfolgt „Wenn es richtig werden soll, dann mach es selbst".
- @JonasWinkler lädt in die Welt der Holzverarbeitung ein.
- @derwandprofi erklärt alles zum Thema Maler- und Lackierarbeiten.

REGISTER – WO FINDE ICH WAS IN DIESEM BUCH?

REGISTER

BUCHEMPFEHLUNGEN FÜR DICH

Umdenken beginnt jetzt! Diese Bücher unterstützen dich auf deinem Weg zu mehr Nachhaltigkeit:

ISBN 978-3-7358-7077-3

ISBN 978-3-7358-5184-0

ISBN 978-3-7358-5187-1

ISBN 978-3-7358-5089-8

ISBN 978-3-7724-4547-7

ISBN 978-3-7724-4577-4

Viele weitere Kreativ-Bücher findest du auf www.TOPP-kreativ.de

ISBN 978-3-7724-7158-2

ISBN 978-3-7724-8159-8

ISBN 978-3-7724-4867-6

ISBN 978-3-7358-5030-0

ISBN 978-3-7724-4976-5

ISBN 978-3-7724-4522-4

#TOPPprojekt

Die eigene Kreativität zeigen: TOPPprojekt mit anderen Kreativen teilen und Teil der Gemeinschaft werden.

DIY-begeistert und auf Instagram?
Dann unbedingt mitmachen!

Hier gibt's Tipps und Feedback zu den eigenen Projekten.
Außerdem verlosen wir jeden Monat ein Überraschungspaket.

Um am Gewinnspiel teilzunehmen, einfach ein Bild vom Kreativ-Projekt aus unseren Büchern mit #TOPPprojekt posten und unserem Account @frechverlag folgen.

Mehr Infos auf TOPP-kreativ.de/TOPPprojekt

Mach mit beim

#TOPPprojekt

#TOPPprojekt
@frechverlag

Website
Auf TOPP-kreativ.de kannst du ein riesiges Angebot von über 1.000 Kreativbüchern, Sets & mehr entdecken.

Newsletter
Gleich anmelden unter: TOPP-kreativ.de/newsletter und immer als Erstes von unseren Neuheiten und Sonderaktionen erfahren.

Instagram
@frechverlag

Pinterest
pinterest.com/frechverlag

Facebook
facebook.com/frechverlag

DigiBib
Hier findest du zusätzlich zu vielen unserer Bücher digitale Extras, wie Video-Tutorials, Plotter-Dateien, Vorlagen, Übungsblätter & vieles mehr. Einfach im Impressum deines TOPP-Buchs den Freischalte-Code nachschlagen und exklusive Inhalte freischalten.
TOPP-kreativ.de/digibib

Youtube
youtube.com/frechverlag

Wer wir sind, wie wir arbeiten, was wir lieben …

Auf Instagram, Facebook und Pinterest findest du mehr über uns und unsere Arbeit und wirst immer schnell und einfach mit den neuesten Infos versorgt.

Alle News, alle Infos und alle Links findest du auf www.TOPP-kreativ.de

DANKSAGUNG

Ich bedanke mich von Herzen bei meinen Eltern, die mir auch bei diesem Projekt stets mit Rat und vor allem Tat und Werkzeug zur Seite standen und mich stets mit lebenserhaltendem Kaffee und köstlicher Nervennahrung versorgten. Ein ganz lieber Dank geht außerdem an Julia und Christoph, deren Toilettenspülkasten ich entkalken und ablichten durfte. Grazie mille! Und wie immer last, but not least danke ich meinem Herzensmenschen und Lebens-Bärater (kein Tippfehler!). Er weiß, wofür.

IMPRESSUM

TEXTE: Franziska Sorgenfrei
BILDER: freepik (Seite 4-18, 27, 29 u., 42, 64, 69, 74, 81, 105, 110, 122, 129, 134, 137, 146-150); Adobe Stock/Ed (Seite 31); lichtpunkt, Michael Ruder (Seite 48); Franziska Sorgenfrei (alle übrigen)
PRODUKTMANAGEMENT: Mariel Marohn
LEKTORAT: Michelle Voigt
COVERGESTALTUNG: Eva Hook
HERSTELLUNG UND LAYOUTENTWURF: Katrin Röhlig
SATZ: DOPPELPUNKT, Stuttgart
DRUCK UND BINDUNG: Finidr s.r.o., Tschechische Republik

Materialangaben und Arbeitshinweise in diesem Buch wurden von der Autorin und den Mitarbeiterinnen des Verlages sorgfältig geprüft. Eine Garantie wird jedoch nicht übernommen. Das Werk und die darin gezeigten Modelle sind urheberrechtlich geschützt. Die Vervielfältigung und Verbreitung ist, außer für private, nicht kommerzielle Zwecke, untersagt und wird zivil- und strafrechtlich verfolgt. Dies gilt insbesondere für eine Verbreitung des Werkes durch Fotokopien, Film, Funk und Fernsehen, elektronische Medien und Internet sowie für eine gewerbliche Nutzung der gezeigten Modelle. Bei Verwendung im Unterricht und in Kursen ist auf dieses Buch hinzuweisen.

1. Auflage 2023
© 2023 frechverlag GmbH, Dieselstr. 5, 70839 Gerlingen, einem Unternehmen der Penguin Random House Verlagsgruppe GmbH, München

ISBN 978-3-7358-5189-5 · Best.-Nr. 25189

MIX
Aus verantwortungsvollen Quellen
FSC® C014138

Penguin Random House Verlagsgruppe
FSC® N001967

SERVICE-HOTLINE

Hast du Fragen oder gibt es ein Problem? Wir helfen dir gern. Ruf uns an oder schreib uns eine E-Mail:

Telefon: 0711 / 123 757 20*
E-Mail: hilfe@frechverlag.de

*normale Telefongebühren

Weitere Informationen zum Verlag und zu unserem gesamten Programm findest du unter: www.topp-kreativ.de